EL PÁJARO QUE VOLÓ DEL NIDO
&
EL PERFUME DE UNA FLOR MARCHITADA

NATIVIDAD CABEZAS GARCÍA

2ª Edición: Enero 2017
Título original: El Pájaro que Voló del Nido & El Perfume de Una Flor Marchitada

Diseño de portada: Miguel González Cabezas
Editado por: GesProSAL

DEDICATORIA

A mi hijo Miguel por ser la fuente de inspiración de este libro. Gracias por regalarme los mejores momentos de felicidad, por ser ten cariñoso, tan alegre, tan sensible y tan humano.

A Antonio, mi marido, por compartir y disfrutar juntos de la educación y vida de nuestro hijo. Por ser el mejor ejemplo de padre: luchador, comprensivo, firme y tenaz. Por ofrecerle el apoyo que necesita sin importarle el tiempo ni la distancia y por dejarle VOLAR.

CONTENIDO

8

EL PÁJARO QUE VOLÓ DEL NIDO

PRÓLOGO

Una difícil etapa para los padres, cuando ven que los hijos se abren su propio camino y desarrollan su propio yo que, hasta ese momento, estaba bajo la influencia de otras formas de pensar y sentir la vida.

Este libro describe de forma muy sencilla ese periodo de la vida de adultos que tantos sentimientos contradictorios crea. Sí, pero no; los hijos vuelan, pero los vínculos familiares permanecen.

No hay que olvidar que las semillas plantadas, dan lugar a una nueva planta y estas, a su vez, a nuevas semillas. Es el ciclo de la vida, la esencia de la pervivencia: educar para crecer e iniciar nuevos caminos.

Una fabulosa exposición que ayudará a muchas familias a superar esta fase, sobre todo, a los padres, que ven como los esfuerzos realizados se tornan en resultados, positivos en su mayoría.

ANTONIO GONZÁLEZ LOSA

CARTA A MI HIJO

Querido hijo:

Dentro de pocos días cumplirás veinticinco años y a mí me parece que fue ayer cuando naciste, tan pequeño, pero tan lleno de vida. Luchaste como un campeón para salir adelante. Fuiste tan deseado por tu padre y por mí que al ver tu cara se nos iluminó el día. Has llenado nuestra vida de alegría y gozo y eres el motor para levantarnos cada mañana.

Sabemos que eres feliz y ese es el mejor regalo que podemos tener.

Muchas veces me has comentado que has sido mi conejo de indias porque he puesto en práctica contigo mis enseñanzas como educadora de padres. Bueno el resultado ha sido muy positivo, yo diría que un éxito que es digno de ser conocido. Ya sé que me dirás que por qué he escrito tantas cosas personales en este libro y mi explicación es, que estoy cansada de escuchar y leer cada día noticias desagradables referentes a guerras, violaciones, acosos, corrupción y muchas más. Yo quiero reivindicar que en esta sociedad en la que nos toca vivir, hay muchas personas con valores y de éxito, pero esas noticias no venden. Quiero presentar un ejemplo positivo para que muchos padres cuando lo lean sientan que ellos lo están haciendo bien y los que no, tienen un modelo para imitar y corregir. Para mí es un deber moral devolver a la sociedad todo lo que he podido aprender como educadora. Sé que tú en tu vida también estás regalando tus proyectos y tu crítica para que esta sociedad mejore, y yo lo respeto y valoro porque cada uno se manifiesta como mejor sabe, tú con el arte y yo escribiendo.

Has partido del nido familiar y me ha costado muchas lágrimas, pero quiero que sepas que me siento muy feliz al verte tan maduro y poniendo en práctica todos los valores que has aprendido en la familia.

Disfrutar contigo ahora unos días de vacaciones, es un gran regalo. Ahora eres tú el que me enseña a mí el mundo porque sabes desenvolverte mucho mejor que yo. Gracias.

Sé que cuando tu nido esté completo tendrás a tu lado una buena persona a la que respetarás y amarás como has aprendido de tu padre; que será una compañera de tu viaje por la vida, con quien pasarás días buenos y no tan buenos. Recuerda que con amor y paciencia todo se supera y hasta los defectos más grandes se pueden perdonar. Nunca olvides pedir perdón cuando cometas un error, este detalle te dejará el corazón libre para seguir amando con más fuerza. Somos humanos, no perfectos.

Recuerda siempre que en nuestro nido familiar siempre estará tu hermosa cama para remolonear y sentirás el calor del hogar.

Gracias por ser el hijo que muchas madres quisieran tener. Me siento orgullosa de ti por ser tan bueno y por hacerme sentir una buena madre.

Te quiero

Mamá.

INTRODUCCIÓN

A los veintidós años, cogí mi maleta, un vuelo de Iberia y me fui a Canarias. Obtuve la oposición como Profesora de Educación Infantil y estuve dos años en la isla de Gran Canaria. Allí construí mi primer nido.

Nunca había salido de mi Salamanca querida para estancias largas. Soy consciente de que fui muy valiente al cruzar el charco e instalarme en una tierra tan diferente a la mía, con una gente que me resultaba muy extraña, que hablaban con un acento muy distinto a nuestro castellano. No fue fácil, pero fui feliz. La vida me dio una gran oportunidad de trabajar en lo que yo quería, de ejercer como maestra, mi sueño desde los siete años.

Enfrentarme sola a los problemas me hizo madurar demasiado rápido. Hacer amistades no me supuso ningún esfuerzo, pero despedirme de ellas cuando me marché fue una de las pruebas más difíciles y más tristes de mi vida, como triste era cuando volvía a casa por vacaciones y tenía que despedirme de mi familia, de mi novio y de mis amigos. Me iba llorando en el autobús casi hasta Madrid. Muy diferente era la situación cuando regresaba a casa. Desde el mismo momento que enfilaban las agujas de las catedrales, mi piel se estremecía y me invadía la emoción de volver al nido familiar donde me sentía mimada, querida y consentida.

Tuve que compartir apartamento con otra chica porque el sueldo no daba para vivir sola, aguantar mucho y trabajar la tolerancia.

Al cabo de dos años me trasladé a un pueblo de Cáceres y, allí, sí pude vivir sin compartir y acondicionar y amueblar la casa, en definitiva, hacer mi nido, pero estos primeros nidos eran de una plaza y cuando pasaron otros dos años por fin nos casamos después de siete de novios y si por fin construimos nuestro verdadero nido de amor que se llenó de luz el día que nació Miguel.

Soy una madre feliz y he disfrutado de todas las etapas de mi hijo en profundidad, ahora comprendo que ya es tiempo de dejarle ir y me cuesta mucho, pero me queda la satisfacción de haberle preparado para ser un adulto responsable.

LA INFANCIA

Hace cinco años comencé a escribir este libro, pero lo dejé; no estaba preparada para afrontar el tema, o no quería que llegase ese momento en el que mi hijo sale de casa, toma el vuelo de Iberia nº IB 3124 y se instala en Viena. Allí ha preparado su nido, ha dejado la confortable vida familiar para construir ese espacio vital que necesita para su crecimiento personal y profesional.

En años anteriores ha vivido fuera: un curso en Alemania, otro en Madrid y casi todos los veranos desde que tenía 14 años, estudiando idiomas en Inglaterra, Irlanda, EEUU y finalmente Alemania. Todas estas estancias eran como un vuelo de ida y vuelta, con retorno al hogar. Ahora dentro de mí siento que es su partida definitiva.

Voy a relatar de manera sencilla, con la intención de ayudar a otras familias, mi experiencia como madre y educadora. Ha tenido que pasar tres meses y una visita a su hogar, para tener fuerzas de testimoniar la experiencia.

Tanto mi marido, Antonio, como yo queríamos ser padres, pero esperamos un tiempo prudencial, casi cinco años desde que nos casamos, para dar ese paso tan crucial e importante; tan importante, que nos cambió la vida.

El dos de abril de 1992 nació Miguel. Un año olímpico, Barcelona 1992 y la Exposición de Sevilla. Yo quería que naciera en marzo para que con los cuatro meses de permiso por natalidad y los dos de verano de mis vacaciones como maestra, el niño tuviera seis al incorporarme al colegio en septiembre. Me di cuenta que estas cosas no funcionan así. Yo podía hacer programaciones anuales, trimestrales, mensuales, o diarias para mi clase, pero en este caso no. El cuerpo responde cuando la mente está preparada. Estaba tan obsesionada y preocupada por quedarme embarazada, que sola bloqueaba la situación. Cuando me relajé y me olvidé del tema, llegó el milagro. Fue en verano durante unas vacaciones maravillosas por el norte de Italia, Austria, Suiza y Francia. Sé que fue concebido en Innsbruck.

Fue un niño muy deseado y querido. Este aspecto es crucial. Las emociones de la madre se transmiten al bebé desde el principio.

Me cuidaba mucho. Buena alimentación, descanso y caminatas de más de una hora. Confieso que me dejé mimar en exceso por Antonio. Cada mañana se levantaba media hora antes para ir a comprar "porras". Parece que mi cuerpo necesitaba grasa, porque al salir del colegio a las cinco de la tarde, todos los días, comía un pepito de crema. La pastelera en cuanto me veía entrar por la puerta lo preparaba. Curiosamente, en cuanto nació, esa necesidad desapareció. Podía permitírmelo porque sólo engordé seis kilos.

Me gusta mucho escuchar mi cuerpo y saber que alimentos necesito. Cuando llevaba siete meses de embarazo, me pedía boquerones en vinagre y la dueña del bar, que estaba enfrente de casa, me decía que al niño le estaba saliendo el pelo cada vez que se los pedía, por eso la necesidad del vinagre. Debió de ser verdad porque nació con melenas y eso que se adelantó más de un mes. Aún recuerdo la cara del peluquero cuando se lo cortó al cumplir el mes, nos decía que era el cliente más pequeño que había tenido. Sigue luciendo una bonita melena que le caracteriza y le da personalidad y glamur a su profesión de artista.

Una anécdota curiosa es que, al nacer prematuro, yo no estaba preparada, quería que naciera en Salamanca y allí me controlaron todo el embarazo (curiosamente al día siguiente iba a una de las revisiones); se adelantó y nació en Alcalá de Henares, en el hospital situado detrás de la casa donde nació Miguel de Cervantes; tampoco teníamos pensado nombre., pues todos los que nos sugerían me recordaban a alumnos traviesos. Fue mi marido quien, de camino al juzgado para inscribirle, se inspiró al pasar por la casa del escritor y lo hizo con el bonito nombre de Miguel.

Miguel ha tenido una infancia muy feliz. Como era hijo único procurábamos que se relacionase con otros niños de su edad. Nuestra casa siempre estaba llena de niños.

La educación y cuidado fue llevada a cabo en común entre mi marido y yo, aunque confieso que la parte lúdica le correspondió más a Antonio; pasaron infinidad de horas en el parque, con la bici, jugando y saltando en todos los aparatos: columpios, toboganes, balancines… Compartir la educación y cuidados por parte de los dos padres es básico para adquirir un buen desarrollo armónico; los niños necesitan el modelo del padre y de la madre.

Tengo que decir que pasamos muchas horas de juegos en la alfombra con las construcciones de LEGO, puzles, libros, películas, que disfrutamos de cada momento de sus primeros años. Hicimos excursiones y visitas a museos, zoos, playas, parques de atracciones… Nunca nos estorbó ni le dejamos aparcado para ir a divertirnos nosotros. Eso ya lo hicimos en los siete años de novios y los cinco de casados antes de que naciera.

Ser madre a los 32 años te da la madurez mental y la responsabilidad a la hora de educarlo, pero también es cierto que el cuerpo no aguanta igual que si lo eres a los 22 o 24, en la edad más fértil.

Aprendió a comer en los restaurantes y sobre todo a saber comportarse en la mesa. Algo que me choca mucho actualmente cuando en algún comedor me encuentro con padres e hijos que más que estar en un establecimiento público y con otras personas, se creen que están en el patio del colegio o en el parque. Hacen ruido, chillan, gritan y corren molestando a todos los comensales, ante la indiferencia de sus padres. Es tarea de ellos enseñarles a comportarse en cualquier espacio donde convivan con otras personas.

Los siete primeros años de vida son necesarios para la formación de la personalidad; son como los cimientos de una casa, si queremos que sea firme y no se derrumbe, hay que colocar buenas bases y aunque no se vean, sabemos que están sujetando con firmeza la estructura.

Me gustan los países, como los nórdicos, que valoran tanto esta etapa y miman al profesorado porque conocen la repercusión que tiene una buena educación infantil en el éxito de las personas cuando son adultas. Las ayudas que sus gobiernos aportan a las familias para que los padres puedan conciliar su trabajo con la vida laboral, es otro de los aspectos de los que tenemos que aprender mucho en España.

Muchos padres ignoran esto y delegan la labor educativa de sus hijos en otras manos como abuelos, cuidadores, guarderías o escuelas infantiles. Sabemos que no es fácil compaginar la vida laboral y familiar, pero hay que intentarlo si se quiere ser buenos padres.

Yo pedí una reducción de la mitad de la jornada laboral y no me arrepiento. Trabajaba sólo tres horas, esto me permitía pasar casi todo el día con mi hijo; podía darle de comer, sacarle a pasear y cuando comenzó el colegio me las arreglé para ir a recogerle, comer juntos y tener la tarde para jugar. Estas ventajas llevaban la otra cara de la moneda, el sueldo se rebajó a más de la mitad y tuvimos que hacer milagros para salir adelante. Poder cuidar a los hijos cuando son bebés y durante los primeros años, es muy recomendable, pues los padres son los modelos que los hijos toman como ejemplo. Si los dos cónyuges tienen bien definida su escala de valores y la aplican con sus hijos, será la mejor herramienta que les pueden ofrecer para crecer en equilibrio.

No todo fue fácil en los primeros años de vida de Miguel. Como nació prematuro enfermó mucho hasta los siete años, el pediatra era como de la familia. Cuando esto ocurría, lo pasábamos mal porque no es sencillo dejar a tu hijo enfermo en manos de otra persona. No tuvimos el apoyo directo de la familia, aunque es verdad que ante dificultades mayores como era el caso de cambiar de chica, tanto mis suegros como mis padres se turnaban y se desplazaban de Madrid a Salamanca para ayudarnos. Es muy importante contar con un apoyo en los primeros años, pero también sucede que, si no cuentas con él, te buscas fórmulas para solucionar los problemas que el día a día te ofrece; te apoyas en amigos, vecinos, intercambias favores, combinas actividades…; por ejemplo, el colegio de infantil de mi hijo estaba separado del mío, entonces busqué la manera de solucionar este inconveniente y me puse de acuerdo con la madre de un compañero, Susi; yo le dejaba en su casa diez minutos antes de entrar en el colegio, ya que me quedaba de paso para mi trabajo y cuando salían, podía ir a recogerles gracias a que con mi reducción de jornada, yo finalizaba una hora antes. Siempre digo que a los problemas se les busca solución, no se generan otros.

Es fundamental que los padres participen en las fiestas escolares, sobre todo en los primeros cursos, que valoren el esfuerzo y cariño que, tanto profesores como alumnos, ponen a la hora de realizar fiestas como las de Navidad o carnaval. Sé que no es fácil para muchos de ellos que trabajan con horarios muy estrictos, como no lo es acudir a las reuniones con los tutores y profesores, pero este aspecto hay que cuidarlo, hay que conseguirlo. Siempre se puede. Hay que actuar con firmeza ante los empresarios y hacerse valer. Lejos de ser un inconveniente, si los padres se presentan fuertes a la hora de demandar ese tiempo que necesitan para conciliar el trabajo con la vida familiar y saben plantearlo ante sus superiores ofreciéndoles alternativas, se logra y además los jefes se darán cuenta de que tienen trabajadores responsables y comprometidos. Valores muy necesarios para que los equipos funcionen.

LOS CUMPLEAÑOS

Para nosotros las fiestas de cumpleaños son muy importantes. Durante los primeros años de nuestro hijo, organizábamos fiestas en casa e invitábamos a sus amigos. Preparábamos las invitaciones, la decoración, la merienda y hasta la tarta ya que las que compraba en la pastelería, por lo general, no le gustaba a ningún niño. En realidad, lo que más les entusiasmaba era los juegos y actividades que organizábamos; desde una yincana en el jardín, hasta actuación de payasos. Creo que los padres disfrutábamos tanto como los niños y, además, se generaba un buen ambiente. Hasta el día de hoy mantenemos el contacto y la amistad con algunos de ellos.

Estos momentos de felicidad marcan mucho porque de cómo se vivan los primeros años y cómo se disfrute dependerán algunos de los hábitos en el ocio de la adolescencia.

Muchas familias optan por organizar estas celebraciones en locales de ocio y lo respeto, pero diré que nuestra experiencia familiar ha sido muy positiva y los amigos de Miguel siempre decían que les gustaban mucho sus fiestas porque eran diferentes. Reconozco que lo más cómodo era contratar uno de estos servicios que ofrecen la mayoría de las cadenas de comida rápida, pero nos gustaba implicarnos en estas fechas y momentos tan señalados.

Cuando tenía diez y once años le propuse que si quería celebrarlo fuera y no quiso, seguían disfrutando en casa, reunidos y jugando a juegos de grupo o viendo una película.

A día de hoy intentamos celebrar juntos su cumpleaños, aunque hemos tenido que hacer desplazamientos desde puntos tan lejanos como América u Oriente Medio.

Reforzar los lazos familiares es vital para que las relaciones fluyan.

AÑOS ACADÉMICOS

Miguel es un estudiante EXCELENTE. Desde bebé adoraba los libros y a día de hoy tiene la costumbre de ir siempre con un libro en su mochila. Cuando era pequeño, le llamaba el gran LEÓN. Su afición por leer se ha incrementado con la edad, pero sus temas han evolucionado. tiene una gran biblioteca de libros, muchos de ellos de arte.
Acudió a varios centros y en todos disfrutó y aprendió.

Siempre le pedía al dejarle en el colegio desde Educación Infantil, que respetara y quisiera a los profesores. Le comunicábamos que los profesores son humanos y cometen errores. Infundirle el valor del respeto es importante. Los profesores son personas muy influyentes en la vida de nuestros hijos; son modelos de vida. Todos tenemos en nuestra memoria el recuerdo de los buenos profesores, pero también de alguno que nos hizo sufrir. Esos son los que más te enseñan. Miguel tuvo la suerte de encontrarse con uno, en su etapa de Instituto, fue un curso duro por todo los que padecimos los tres. No es fácil ver a tu hijo sufriendo y poniéndose nervioso, sólo de pensar que tenía que encontrarse con las humillaciones y vejaciones de este profesor. Al comienzo de la situación, escuchábamos sus quejas, pero siempre hemos defendido ante él la figura de aquel, hasta que comienzas a observar que baja las calificaciones de sus exámenes, que está triste y muy sensible, que no quiere salir y, entonces, decidimos acudir a escuchar al profesor, que en este caso era además su tutor. Cuando le solicitamos los exámenes y vimos las vejaciones escritas en ellos, actuamos. Pusimos en conocimiento del jefe de estudios la situación y enviamos una carta al director. Actuaron rápidamente. Solicitamos que otro profesor le realizara las pruebas, pero no hizo falta. La actitud del profesor cambió y Miguel recuperó la confianza en sí mismo y le devolvió la alegría poco a poco. Eso sí, el profesor nos negó la palabra hasta el día de hoy.

Relato este episodio porque a muchos padres y niños en alguna ocasión les puede suceder lo mismo. Es mejor enfrentar la situación y darle solución al problema escuchando a los hijos siempre y no posicionándose hasta contrastar con la opinión del profesor. No hay que tener miedo a que estos tomen represalias porque existe procedimientos para que estas circunstancias se terminen. Es importante reclamar por escrito relatando los hechos ante el equipo directivo y tener una copia sellada por si hay que adjuntarla ante la inspección.

El contacto frecuente con los tutores y profesores tiene que ser una rutina porque los hijos no siempre se comportan de la misma forma en casa que en el colegio. Desde la etapa de Educación Infantil al menos tres veces durante el curso, solicitábamos una entrevista con la tutora y en Primaria con algún profesor más. Nos preocupaba mucho su trayectoria, tanto a nivel educativo como personal, sus relaciones sociales con los compañeros y con los profesores. Ese contacto aporta mucha información por ambas partes y es más que fundamental para el crecimiento y la evolución de los hijos.

Cuando trabajaba en el colegio transmitía a los padres de mis alumnos lo necesario de la colaboración con el centro y con los profesores; les ofrecía el siguiente ejemplo: si estamos enfermos y el médico nos receta una medicina y tomamos la que nosotros queremos, se puede producir un gran problema en nuestro cuerpo. Lo mismo sucede cuando familia y colegio no siguen las mismas directrices.

Los padres somos modelos para los hijos, por tanto, hay que ofrecerles coherencia entre los valores que les comunicamos y la actuación. Siempre hay que recordar que las palabras conmueven, pero el ejemplo arrastra.

Desde hace muchos años comencé a interesarme por la formación de padres. Estoy totalmente convencida que cuando estos se forman y se preocupan por educar a sus hijos correctamente, lo consiguen, por eso siempre me comprometí, en mis centros de trabajo, en ofrecer a los padres de mis alumnos una escuela de padres, sobre todo porque muchos de ellos eran primerizos y se sentían un poco perdidos, pero al compartir sus experiencias y comprobar que sus problemas y preocupaciones eran muy parecidos a las del resto, se relajaban y aprendían a disfrutar de la experiencia maravillosa de ser padres.

Cuando escribí mi primer libro: PAPÁ, MAMÁ: ¿DÓNDE ESTÁ MI PIJAMA?, una emisora de radio me ofreció la oportunidad de hacer un programa de escuela de padres y me pareció una idea genial. En la actualidad muchos padres quieren formarse y este programa les da esa oportunidad sin desplazarse, escuchando el programa desde casa, el trabajo o en el coche. Ya llevamos diez años y seguiremos muchos más porque cada uno que pasa tenemos más ilusión; pero hace tres años un periódico digital también me ofreció la oportunidad de escribir de temas educativos para las familias y semana a semana ofrecemos nuestro grano de arena. Las ilustraciones de los artículos están realizadas por nuestro hijo Miguel en que, una imagen que él creo para el libro que he mencionado, es transformada según el tema que tratemos. El personaje es BOLITAS, se ha asociado a la Escuela de padres y ya cuenta con muchos admiradores. Estas ilustraciones semanales le han servido para lograr el reto de cumplir con un compromiso. Él no recibe remuneración económica por ellas, pero este trabajo le ha ayudado a incrementar su currículo y a ser más valorado. Otros beneficios de esta actividad es que nos mantiene unidos en un objetivo común, el proyecto de Escuela de Padres del periódico La Crónica de Salamanca. Ofrecer ayuda sin esperar nada a cambio, salvo la satisfacción personal es necesario, sobre todo en esta sociedad tan materialista.

Siempre que tenemos oportunidad intentamos que sea solidario y colabore con algunas causas, así puede decir con orgullo que ha diseñado carteles para PYFANO, para AFIBROSAL, para el Club de Esgrima HELMÁNTICA, y ha formado parte del jurado del I Concurso de cuentos ilustrados de la Asociación de ALZEHIMER.

En sus primeros años de Universidad, trabajó en la emisora de radio de la Universidad de Salamanca. Recuerdo que cuando le ofrecieron la oportunidad de realizar un programa, se asustó y me comentaba que no sabía qué hacer; yo le animé a que lo intentara y se diera la oportunidad de probar algo desconocido. El resultado es que al año siguiente le ofrecieron hacer dos y que, gracias a ello, le aceptaron para estudiar un curso propio de radio "on line" de la Universidad de la Rioja. La Fundación de la Universidad de Salamanca, le pidió que realizara varios talleres de pintura y fotografía para niños. Todas estas oportunidades le han enseñado a disfrutar de las cosas por el simple hecho de hacerlas bien y no por la recompensa económica. Como decía Emerson: "El premio a lo bien hecho es haberlo hecho"

Miguel obtuvo premio extraordinario en Secundaria y en la Universidad; un orgullo para nosotros como padres, pero un reconocimiento a los años de esfuerzo y tenacidad de él. La gente que le conoce dice que es muy inteligente, pero también es muy constante, luchador, creativo y positivo; no se rinde ante nada ni nadie; tiene un sentido de la justicia muy fuerte y sufre cuando ve injusticias sociales; le gusta manifestar su opinión mediante sus creaciones artísticas. Su gran personalidad le distingue y le hace ser muy querido; es amigo de sus amigos y siempre que necesitan su colaboración sabe estar a su lado. Como ha estudiado en muchos países, mantiene amigos y amigas en todos. Su carácter abierto y sincero le ayudan.

A su padre y a mí nos encanta observar la relación que tiene con ellos. Desde muy pequeño procuramos que se relacionara con el mayor número posible de personas procedentes de todas las clases sociales y de diferentes razas, sin importar el color de la piel. Cuando tenía tres años nos trasladamos a vivir por un tiempo a Jamaica y allí jugaba con niños negros sin ningún tipo de prejuicio. A lo largo de su niñez y adolescencia ha conocido personas de diferentes países y, lejos de ser un problema, ha sido una gran oportunidad para adquirir valores fundamentales como la tolerancia y el respeto por los otros; se ha enriquecido de otras formas de contemplar la vida y ha aprendido platos tradicionales, idiomas, costumbres, música, y lo más importante a considerarse ciudadano del mundo.

Estudiar en varias universidades le han abierto un gran abanico de oportunidades para su futuro profesional. Gracias al aprendizaje de idiomas las barreras han sido menores, pero no es lo mismo aprender un idioma para viajar, que aplicarlo en las clases. Se necesita mucha fuerza de voluntad, mucho esfuerzo y horas de trabajo, pero al final merece la pena.

LAS AMISTADES

A todos los padres nos preocupa mucho este tema. Desde los primeros años de vida de nuestro hijo, nos interesamos por conocer a los amigos y amigas, les invitábamos a casa a jugar, a merendar, a los cumpleaños y quedábamos junto a los otros padres fuera para pasar la tarde o acudir a algún espacio de ocio.

Como Miguel era hijo único, desde que cumplió un año iniciamos una experiencia junto a Miriam, la hija de nuestros amigos Cristina y Fede. Comprábamos juguetes en común y se los intercambiábamos cada mes, así les enseñamos a compartir y a cuidar los juguetes. Miriam es para Miguel como la hermana que no ha tenido y él para ella; han compartido muchos momentos desde pequeños y, a día de hoy con casi veinticinco años, se siguen queriendo como verdaderos hermanos. Recuerdo con mucho cariño las visitas al zoo, las excursiones, el viaje que hicimos juntas las dos familias hasta Dinamarca; un viaje lleno de aventuras para recordar. Alquilamos una furgoneta y nos fuimos de "camping" quince días por el norte de Europa. La escala en Disneyland Paris, era imprescindible y nunca la olvidaremos. Los seis nos divertimos como niños.

Muchos veranos Miriam y Miguel pasaban juntos parte de las vacaciones. Acudieron juntos a una granja escuela durante una semana y con apenas siete años - creo que fue la prueba del desapego, tanto para ellos como para Cristina y para mí- Les organizamos la ropa que utilizarían cada día por bolsas individuales. Este gesto era fruto de nuestra forma de ser controladora, pero dio buenos resultados. Les ayudó mucho ir juntos para superar los momentos difíciles.

Otros veranos, ella venía a nuestra casa a pasar una semana y Miguel iba a la suya. Pasaron momentos maravillosos cuando vivíamos en Las Palmas, pero también en la casa de la sierra de Madrid de Fede y Cristina. A Miriam le gusta mucho Salamanca y siempre que puede se escapa a visitarnos.

El verano pasado nos acompañó unos días a Galicia y he de decir que para mí es como tener una hija. Disfruto de su compañía, de su conversación y su alegría.

Miguel estudió cuarto de carrera en Madrid y su amistad con Miriam se reforzó hasta tal punto que son grandes confidentes. A nosotros nos daba mucha tranquilidad saber que, tanto ella como sus padres, estaban cerca, ya que nosotros, en esos momentos, estábamos en Panamá. Ellos son para nosotros como de familia.

Miguel es un chico muy sociable y puede presumir de tener amigos en muchos lugares. La amplia movilidad que ha tenido a lo largo de todos sus años le han enriquecido y sorprende la facilidad con la que se reúnen amigos de lugares distintos. Las video conferencias y las redes sociales ayudan a mantener estos vínculos.

Cuando regresa a Salamanca sigue viendo a sus amigos y amigas del instituto y de la facultad de Bellas Artes, aunque ya casi todos están fuera. Me gustaría señalar que tiene un grupo de amigos mayores que él y es que siempre ha sido muy maduro y sus temas de conversación no son muy convencionales. Actualmente en Viena tiene unos amigos, Alberto y Nina que rondan los treinta y con los que se siente muy feliz y cómodo.

Las primeras salidas nocturnas son una de las pruebas más difíciles de superar como madre. Recuerdo la fiesta de las novatadas. No quería llevar el teléfono móvil para que no se estropeara o lo perdiera. No pude dormir hasta que entró por la puerta y vi que estaba bien. Otras muchas noches me inquietaba con la idea de los peligros nocturnos como el consumo de alcohol u otras drogas. Hasta el día de hoy con casi veinticinco años tengo que manifestar que no nos ha dado ningún disgusto y sabemos que se divierte como nadie, que bebe razonablemente y nunca le hemos detectado consumo de otras sustancias. Hay que dialogar mucho con los adolescentes, conocer los lugares que frecuentan y de vez en cuando pasarse por ellos para conocer el ambiente. Las compañías influyen mucho. A Miguel no le gusta el tabaco, ni su padre ni yo fumamos y esto creo que le ha influido positivamente.

Divertirse sanamente es posible. El deporte ha contribuido a que tenga hábitos saludables. Desde muy pequeño le convencimos que tenía que practicar un deporte y después de probar baloncesto y balonmano se decidió por esgrima. Actualmente pertenece a un club de Viena con el que compite a nivel nacional e internacional.

El mundo del deporte le ha ayudado a superarse, a vencer frustraciones, miedos y a controlarse. Este deporte es mitad esfuerzo físico, mitad control mental. Se necesita mucha concentración y una gran preparación física. En el entorno de esta práctica ha encontrado personas afines a él y con hábitos saludables. Acudir a los campeonatos tanto en España como en Alemania o ahora en Austria le ayuda a poner los pies sobre la tierra. Miguel es excelente en los estudios y con este deporte ha aprendido que para llegar a los primeros puestos se necesita mucho esfuerzo y buena condición física.

Ha logrado algunas medallas y premios del deporte, pero su mejor galardón es el beneficio que le aporta para su salud física, mental y social. Ahora se está preparando para ser instructor de esgrima y lo logrará, como todo lo que se propone.

Obtuve la especialidad de profesora de educación física en la Universidad Autónoma de Madrid, pasé seis meses con cinco horas diarias de práctica deportiva y otras tantas de teoría. Pude tocar todos los deportes, pero sobre todo aprendí que hay que transmitir a los alumnos el gusto por el ellos, por la actividad física, enseñarles los beneficios que su práctica proporciona para su cuerpo y su mente. Existe tanta variedad de deportes que no hay excusa para no aficionarse a uno. Es cierto que cada persona tiene habilidades diferentes, pero practicar un deporte no implica que se tengan que federar y competir. Hacer deporte por el gusto de realizar ejercicio físico puede ser la única razón.

Hay que conocer bien a los hijos y sus preferencias. A algunos le gustan los deportes de equipo, mientras que otros, como en el caso de nuestro hijo, prefieren los de práctica individual. No importa si prueban varios antes de definirse, lo importante es que el que elijan se adecue a sus gustos y disfruten.

Cuando llega la adolescencia el deporte les ayuda a canalizar la energía, a crecer, a controlar las emociones y a socializarse, pero lo más importante es que el ambiente de los deportistas es muy sano y evita que se tuerzan y se desvíen por otros poco saludables, como el consumo de drogas, que tanto nos preocupa a todos los padres; o que se mantengan horas encerrados en su habitación enganchados a las redes sociales.

Hemos acompañado a Miguel a infinidad de campeonatos de esgrima por la geografía española. Aprovechamos las estancias para hacer turismo, disfrutar de las ciudades, su gastronomía y de poder estar los tres juntos.

Con los campeonatos aprendió a perder, algo que no conocía en los estudios. Este deporte le ha enseñado a superar frustraciones, muy necesario para su formación. El respeto por el contrario y por las reglas también le han enseñado a saber estar y a lograr un comportamiento educado.

LA EDUCACIÓN EN VALORES

Los hijos son como vasijas de barro, que se van moldeando a medida que gira el torno y con la ayuda de las manos del alfarero. Los padres tenemos que inculcarles desde que nacen las normas, los límites y los valores que necesitan para ser buenas personas, lo que antes denominaban normas de educación. Es muy triste cruzarte con niños o jóvenes que no respetan a sus padres, a sus abuelos y mucho menos a personas del entorno como vecinos.

Cuando mi hijo tenía apenas cuatro años, al salir cada mañana por el portal de nuestra casa en Madrid, nos encontrábamos con la señora que limpiaba la escalera y yo le obligaba a saludarla todos los días. Él era muy tímido, pero al final lo logró. Desde bebé le enseñamos a saludar afectuosamente a los abuelos y tíos con besos y abrazos. Las manifestaciones de las emociones son tan beneficiosas para el cuerpo y para el alma, que si nos diéramos cuenta de ello emplearíamos más tiempo en sus enseñanzas. Cuando los hijos son pequeños lloran cuando tienen hambre, sueño, o están incómodos, a medida que crecen van adquiriendo otras maneras de manifestarse, con tristeza, alegría, rabia o miedo. Muchos padres les prohíben estas manifestaciones, sobre todo las que no son positivas. A modo de ejemplo diré que a nuestro hijo le he ayudado desde pequeño a verbalizar sus estados de ánimo que en ocasiones no sabía cómo expresarlos. Cuando llegaba a casa enfadado porque algún amigo o profesor le había fastidiado, se mostraba malhumorado y en ese momento yo le observaba, pasado un tiempo prudencial le pedía que si quería me explicara cómo se sentía y que había sucedido; le comunicaba que le entendía perfectamente y que tenía todo el derecho del mundo a sentirse triste, enfadado o molesto; le daba permiso para sentir sus emociones negativas, pero también le explicaba que era normal esa situación y que la otra persona tal vez se encontrara con el mismo problema; le sugería que si quería llorar lo hiciera, que le vendría bien. Es bueno canalizar los estados de ánimo y dejarlos marchar, no quedárselos dentro.

Seguro que a muchas madres les pasará como a mí, que en cuanto vemos a nuestros hijos, adivinamos si están preocupados, felices, tristes, si han tenido algún contratiempo o simplemente si están pasotas. ¡Hasta en la distancia y con una llamada de teléfono averiguamos sus estados de ánimo!

Aprender a disculparse y pedir perdón ha sido una tarea de cada día, pero ahora recogemos su fruto. Fueron muchas las noches que al ir a darle el beso de despedida le pedía disculpas por una mala contestación, una voz fuera de tono o sencillamente algo que hice mal. Somos humanos y cometemos errores y los hijos lo entienden y lo perdonan igual que lo hacemos nosotros. Es el mejor ejemplo que le podemos ofrecer si queremos que en el futuro sean personas sinceras, sin rencores y amorosas. Pedir perdón no es fácil porque no lo es reconocer los fallos, pero cuando se practica el perdón se sienten rápidamente los beneficios, uno se siente en paz.

Todos los padres educan de la mejor manera que saben y con las condiciones que tienen, pero muchos hijos les reprochan una y otra vez los errores, por eso hay que transmitirles que equivocarse es de sabios, si después se rectifica la acción y se pide perdón. No tenemos que ser perfectos o pretenderlo, tenemos que poner amor y paciencia en la educación del día a día y transmitir valores de paz y alegría.

He sido una madre muy pesada a la hora de explicarle a Miguel lo importante que es ser solidario y ayudar a los demás, por suerte a base de pedir y pedir, no sólo lo he logrado, sino también me siento muy orgullosa de todas sus colaboraciones. Ahora ya las realiza de manera voluntaria. En estos momentos colabora con una Asociación de Viena que se encarga de apoyar a un grupo de refugiados en actividades de ocio. Esta experiencia le está enriqueciendo mucho y se siente muy satisfecho de su tarea y de compartir su tiempo con personas que están necesitadas de compañía y cariño.

Si creemos que algo es bueno para nuestros hijos, no dejemos de ser pesados, seamos como ellos cada vez que quieren obtener algo de nosotros, lo piden de mil maneras hasta que lo consiguen. Al final merece la pena.

Yo insistía mucho en el orden y limpieza de su habitación, de mantener unas normas en casa para repartir tareas y colaborar; ahora, cuando veo su apartamento, me agrada comprobar como todo el esfuerzo de súplicas y machaques diarios han dado su fruto y me fascina estar en él y comprobar que pone en práctica todo lo que le enseñé, aunque en ocasiones fuera una mamá pesada.

Los hijos copian todas nuestras acciones y las ponen en práctica. Le hemos educado para que no tenga que depender de nadie para organizar su casa. Muchas veces cuando le enseñaba a realizar alguna tarea del hogar le decía que si él conocía cómo realizarlo para que, si un día tenía a alguien que le ayude en casa, no le tomará el pelo.

Algunas personas que tienen hijos únicos les miman demasiado y no les dejan crecer, hay que inculcarles el valor del esfuerzo y la responsabilidad para que cuando tengan su propio hogar sienta que es su espacio.

Cuando visito su apartamento y veo el orden, la limpieza, como cocina, lo bien que organiza las lavadoras o la manera de tender para no tener que planchar, me deja con la boca abierta.

Otros de los valores en el que hemos insistido son la honradez y el esfuerzo. Para lograr cualquier objetivo en la vida tienes que creer en tus posibilidades, realizarlas sin dañar a nadie y esforzarte hasta obtenerlas sin pisotear ni despreciar a quien tengas a tu lado. Han sido muchas las conversaciones con nuestro hijo para inculcárselos y con nuestro ejemplo de padres trabajadores y honrados, se ha ido forjando su propia identidad. Va esquivando las piedras que encuentra en el camino, sobre todo una muy grande que se llama envidia. Miguel es un chico que despierta mucha por su brillantez, pero sobre todo por sus cualidades personales. Nadie le ha regalado ni uno sólo de los logros que tiene; los ha conseguido a base de estudio, fuerza de voluntad y, lo más importante, la ilusión que pone en cada cosa que realiza. Es sin duda el motor que le lleva al éxito. Sabe dónde quiere llegar y que para lograrlo tendrá que superar las pruebas que la vida le coloca a su paso.

La virtud que más admiro es su humildad. Nunca presume y tiene una y mil ocasiones para hacerlo, pero él pasa por la vida con sencillez.

Quiero destacar una faceta que sorprende de nuestro hijo, es un chico de ideas claras. Cuando tenía dos años eligió su primer regalo para la fecha de Reyes, una muñeca, y no cambió a pesar del bombardeo de anuncios en televisión; así cada año de los restantes, él se decidía por un juguete y no cambiaba. De igual manera le ha pasado con la elección de carrera que fue a los siete años. Un día nos dijo que quería ser artista y lo ha logrado con nuestro apoyo incondicional y en contra de la opinión de algunos de sus profesores y orientadoras que piensan que estudiar Bellas Artes es una carrera sin futuro.

Es un chico feliz y realizado con sus estudios y no cesa de ampliar sus conocimientos y experiencias en distintos campos relacionados con el mundo del arte. Nosotros tenemos confianza en él y siempre se lo decimos: lo fundamental es que aquello que emprenda lo realice con ilusión y lo haga bien. El trabajo bien hecho es siempre una puerta abierta.

LA MARCA PRIMO

Miguel es el menor de catorce primos, diez son varones. Desde que nació mis hermanas y cuñadas me fueron pasando las ropas de mis sobrinos, todas en perfecto estado de uso, por este motivo tenía mucha variedad. Cuando creció y sus amigos comenzaban a presumir de marcas de ropa, yo siempre le decía: hoy llevas una camisa de la marca primo Alfonso, o Javier, o Pablo o de cualquiera de mis sobrinos. Le hemos acostumbrado a utilizar todo lo que está en perfecto estado, pero sobre todo a valorar lo que otros nos regalan. Recuerdo que un día mi suegra me reprochó que no le compraba ropa nueva al niño, encima que era hijo único y teníamos posibilidades económicas; yo le contesté, que cuando fuera mayor me agradecería lo que en esos momentos le estaba enseñando al usar la de sus primos.

Creo que estamos viviendo en una sociedad de consumo tan exagerada que nos supera, por eso inculcar estos valores, ayuda a no ser consumidores inconscientes. Ahora el tiempo me ha dado la razón y puedo comprobar como Miguel compra lo justo y necesario. Es muy crítico con este consumismo occidental.

Con los juguetes sucedía un poco lo mismo. A la hora de pedir por Navidad le explicábamos que tenía que pensar que había muchos niños en el mundo que no tenían ni un juguete y él era afortunado, por eso sólo pedía uno, aunque luego le llegaban más por parte de familiares y amigos.

A mí como profesora, me encantó que un año solicitara una cocina, otro un supermercado, otro una muñeca, o un garaje, o camiones, y a medida que fue creciendo seleccionaba sus gustos, una bicicleta…en fin, destacar que no era de gustos sexistas y ¡disfrutaba tanto haciendo una comida en su cocina mientras yo preparaba la cena!, como construyendo con sus legos o haciendo una carretera con sus camiones y máquinas. Jugó mucho y sin duda le ha ayudado a despertar su imaginación.

Voy a relatar una anécdota curiosa. Cuando estaba en la época de si los padres son los Reyes o no, quiso ponerme a prueba; él sabía que yo no era partidaria de los juguetes bélicos, así pues, ese año nos pidió el equipo completo de James Bond; creo que tenía tres pistolas de todo tipo. Antonio y yo discutimos, pero el argumento de que Miguel no era un niño violento y que si no tenía esas pistolas se las confeccionaría con pinzas y garbanzos, me convenció. Al final con lo que más jugó fue con el equipo de "walky talkies" que llevaba incorporado. Nunca olvidaré la cara de sorpresa que se llevó cuando abrió el regalo. No lo podía creer.

La verdad que ahora con el paso del tiempo me alegro de haber accedido, porque a los hijos no se les puede meter en una burbuja, o colocarles una venda en los ojos para protegerles de los acontecimientos violentos del día a día, hay que dejarles que se explayen y aprovechar para dialogar, como en este caso, de la no violencia.

LAS AFICIONES

Desde los primeros años nuestros hijos van teniendo sus preferencias en los juegos y juguetes y poco a poco se declinan por alguna afición en particular. Miguel, en primaria, gracias a un profesor comenzó a acudir a sesiones de aeromodelismo, donde realizaban sus propios aviones y, los sábados por la mañana, iban a volar a un parque. También se aficionó al juego con "War Hamers", los pintaba con mucha minuciosidad y acudía a un centro de ocio donde jugaba con otros chicos. Estos juegos eran de estrategia y disfrutaba mucho a la vez que aprendía.

Durante varios años estuvo inscrito en un club de tiempo libre en el que hacían acampadas, marchas y actividades lúdicas los sábados por la tarde. Allí pudo recibir también cursillos de técnicas de estudio, que le han ayudado mucho a la hora de estudiar, y de desarrollo personal.

Los difíciles años de la adolescencia se superan mejor si están ocupados y divirtiéndose de manera sana. Es una etapa que preocupa mucho a los padres. El crecimiento es muy rápido y el cambio hormonal influye mucho en los estados de ánimo, por eso tienen que canalizar esa energía que llevan dentro con el deporte u otras actividades donde tengan un grupo de compañeros afines con quien compartir los problemas y disfrutar de las alegrías.

Hay que conocer bien cuáles son sus amistades, pero sin que tengan la sensación de que les controlamos, invitarles a casa y conocer a los padres puede orientar bastante a la hora de identificar por dónde van y con quién.

El diálogo es muy positivo, pero de muchos temas, jamás hablarán con los padres y eso tenemos que saberlo para no agobiarles. Si queremos ganarnos la confianza hay que trabajarla desde pequeños, realizar escucha activa cuando nos cuentan sus cosas y sus problemas.

En muchas familias se come delante de la televisión y se desperdicia una buena ocasión para relatar los acontecimientos de cada miembro y acrecentar los vínculos entre todos.

En la dura etapa de la adolescencia los hijos tienen que oponerse a los padres, el nuestro lo hizo conmigo se revelaba con el orden en la habitación y con mi marido negándose a cortarse el pelo. Ahora, después de esa etapa, pienso que no merece la pena pasar un mal rato. Oponerse no sólo es necesario, también es beneficioso, les hace sentir que en algún aspecto de su vida ellos ganan.

Las horas de vuelta a casa cuando salen, suele ser otro gran tema de conflicto, sobre todo cuando comienzan a salir de noche. Utilizar la negociación y hacerles creer que ellos ganan la batalla es una habilidad que da resultado. Si se desea que lleguen a una hora determinada y racional, hay que poner el límite más bajo para que se quede en el medio y ellos crean que se han salido con la suya.

En muchos momentos los padres sentimos angustia y miedo ante la incertidumbre de no saber dónde están, que harán y con quién. Lo mejor es mantener la calma, confiar y ofrecerles buenos ejemplos. Difícilmente se puede prohibir a un hijo que no fume si ve a sus padres fumar. Han perdido toda autoridad. Si cuando son pequeños se les lleva de alterne por los bares porque los padres no quieren renunciar a salir, no se puede pretender más tarde que tengan unas conductas aceptables. Ser padres exige responsabilidad y sacrificio.

Cuando los hijos nacen, los hábitos familiares cambian y tienen que girar en torno a los más pequeños y a sus necesidades, no a las de los adultos.

Compartir aficiones con los hijos cuando estos son pequeños es maravilloso. Mi marido comenzó a practicar el deporte de esgrima porque iba a buscarle y recogerle a las clases. Un día decidió comenzar la práctica él también. Le gusta tanto como a Miguel. Íbamos juntos a todos los campeonatos nacionales que podíamos y en una ocasión se enfrentaron padre e hijo y los compañeros me preguntaban que a cuál de los dos iba a animar, mi contestación fue: a mi hijo que para eso lo había parido y a mi marido lo encontré en la calle. Bueno realmente fue simbólico porque al final animé a los dos. Creo que, excepto ese combate, que fue en Guadalajara, nunca más se han enfrentado salvo en los entrenamientos. Los vínculos que se han generado entre ellos gracias a este deporte son sorprendentes. Incluso ahora, en la distancia él le sigue preguntando a su padre detalles técnicos o cómo reparar una espada o sencillamente cómo ha ido un combate. Es hermoso ver como comparten y disfrutan.

El amor por viajar es otro nuestros gustos, de los tres. Tenemos una máxima de Cervantes que intentamos practicar: "El que lee mucho y anda mucho, ve mucho y sabe mucho." Viajar es y seguirá siendo una de las mejores inversiones que hemos realizado para nuestras vidas. Conocer distintos países, gentes y diferentes culturas nos ha enriquecido mucho, pero sobre todo a Miguel. Antes de cada viaje preparamos rutas, lugares de interés y al llegar procuramos aprovechar al máximo sacando todo el jugo a la visita.

Como a Miguel le gusta mucho visitar museos, fuimos, en una ocasión, desde México a Nueva York a pasar fin de para poder visitar una exposición única de la BAU HAUS en el MOMA. Seguramente alguien cuando lea esto pensará que es una locura, pues es algo que volveríamos a repetir. La experiencia ha sido inolvidable y para nosotros conocer el arte de la mano de nuestro hijo es un lujo.

Cuando cumplió dieciocho años, organizamos un viaje a la selva de Chiapas, en México. Fueron unos días llenos de aventuras, pero también de descubrimiento de la verdadera pobreza. Ese viaje nos marcó mucho a los tres, pero sobre todo a él porque le hicimos un regalo muy especial. Entre su padre y yo elaboramos un libro que se tituló: YA TENGO 18, con los mejores momentos desde el día que fue engendrado. Le adjuntamos fotografías y nuestras sinceras palabras le llegaron tanto al corazón que se echó a llorar y se abrazó a nosotros diciéndonos que era el mejor regalo que podía tener. Esto demuestra que lo más caro no siempre es lo mejor.

Cuando era pequeño y se encaprichaba con algo o con alguna acción que quisiera realizar, si veíamos que no era positiva para él y lloraba siempre le ofrecimos una explicación razonada, pero si aun así no quería aceptarla yo le respondía: mejor que llores ahora que tú eres pequeño, que no llore yo cuando seas mayor por haberte consentido. Reconozco que en ocasiones he sido más dura que su padre, pero así debe ser. Siempre en la pareja hay que equilibrar las fuerzas y ofrecerles una de cal y otra de arena.

Cuando obtuvo el carnet de conducir a los dieciocho años, yo me encontraba en Barcelona y al recibir la llamada de él estaba en el museo de arte contemporáneo, inmediatamente fui a la tienda del museo y le compré un libro de Jaume Plensa, un artista que admira y del que conoce toda su obra. Por aquellos días habíamos vistos muchos vídeos de él y sus proyectos y me metió el gusanillo tan dentro que en una ocasión adquirimos una obra suya en la feria de ARCO. Cuando llegué a casa él no estaba y dejé el regalo sobre la cama, me despertó y estaba tan emocionado que no se lo pedía creer.

Relato este episodio porque creo que es bueno ofrecer regalos en ocasiones señaladas, pero no darles todos los caprichos, aunque los padres se lo puedan permitir. Celebrar las ocasiones especiales marcan y se recuerdan para toda la vida y no siempre tienen que comprar regalos caros.

Fabricar los propios juguetes y regalos es una buena opción para que los niños se entretengan y dejen fluir su creatividad.

En una ocasión que yo estaba en reposo por un accidente y no podía salir con mi hijo a la calle, se nos ocurrió aprovechar los recortes de los catálogos comerciales de Navidad y elaboramos manteles individuales que regalamos en Navidad a la familia. Se pasó muchas tardes, recortando, bolas, guirnaldas y más adornos que pegaba en una cartulina.

La decoración del árbol de Navidad era también muy original, fabricábamos los adornos con mucho material de reciclado. El Belén en alguna ocasión lo completamos con juguetes de Play Mobil y Lego. Pienso que es fenomenal compartir el tiempo de Navidad y las experiencias.

Otro ejemplo de elaboración casera fueron los libros personalizados. Cuando comenzó a leer y escribir, pasamos un verano en Canarias donde estaba Antonio trabajando y, cada mañana, en hojas recicladas escribía una frase y el hacía el dibujo alusivo a la frase. Más tarde él mismo escribía el texto y lo ilustraba. Cuando terminó el verano le pusimos unas grapas y una portada con el título de libros de verano. Aun los conservamos. Ya he referido que siempre le han fascinado los libros, pero también esto nos dio la oportunidad de hacer uso de las bibliotecas públicas y aprovechar los recursos.

Cuando hizo la Primera Comunión, organizamos la comida en una casa que tiene mi hermana en el campo y la fue a base de buenos productos, pero no estaban servidos por camareros. Toda la familia y amigos colaboraron. Los niños disfrutaron a lo grande y los mayores también. Recibimos algunas críticas por parte de algún familiar que comentó que, para tener un solo hijo, podíamos haber ido a un buen restaurante. curiosamente esos fueron los que más comieron. Nosotros teníamos muy claro que la fiesta era por y para que nuestro hijo tuviera un bonito recuerdo, tanto de la Eucaristía en la que participaron amigos suyos y nuestros y algunos primos, como del banquete.

Muchos padres se dejan llevar por las modas, el qué dirán y la opinión de los demás y se arrastran a un sin fin de conmemoraciones sociales en las que no disfrutan y se ahogan con los gastos. Algunas comuniones y bautizos son como bodas, ya tienen hasta lista de regalos o te piden dinero para ir de viaje. Creo que debemos reflexionar sobre estos temas y recuperar los verdaderos valores.

INVERTIR EN EDUCACIÓN

La mejor inversión que podemos hacer los padres es ofrecer a los hijos una gran educación, darles las oportunidades para que estudien y se perfeccionen. Los conocimientos, las vivencias y experiencias son las que van a hacer diferentes a nuestros hijos.

Desde que el nuestro era pequeño y nos comunicó que quería ser pintor, le ofrecimos muchas oportunidades acudiendo a clases con diferentes profesores que le fueron moldeando y enseñando todas las técnicas pictóricas.

En la actualidad estudiar una carrera y obtener excelentes calificaciones, no basta para encontrar un buen empleo. Hay que diferenciarse del resto de los competidores; seguir trabajando en distintas áreas, aprender al menos dos idiomas, uno de ellos inglés, con un alto nivel porque si no eres capaz de hablar y escribir casi como un nativo, en muchas empresas te rechazarán y, dominar otra lengua, requiere esfuerzo y constancia, pero sobre todo acudir al país e integrarte y perfeccionarte.

Ante este mapa de salidas, nosotros optamos por ofrecerle a nuestro hijo desde pequeño esta oportunidad. Actualmente domina inglés y alemán, con muchas horas de estudio y práctica en la escuela de idiomas y en los países de los que hablé en otro capítulo. El desembolso económico ha sido grande, teniendo que renunciar a otras cosas, pero es también muy cierto que él ha sabido responder y no ha perdido el tiempo siendo siempre consciente que tenía que sacar el máximo partido a las diferentes oportunidades, de no haber sido así habríamos eliminado este apoyo. Los hijos tienen que saberlo.

Miguel desde que estudiaba en el Instituto ha realizado diferentes cursos de perfeccionamiento y ahora desde hace varios años utiliza la formación "on line" para completar sus estudios de Máster. Ha obtenido algunas becas de estudio, pero la mayoría de la formación complementaria ha sido sufragada por nosotros, siempre le decimos que es la mejor herencia que le vamos a dejar y estamos convencidos de ello. Hasta el momento actual, su excelente currículum le está abriendo las puertas a las que llama.

Otro factor importante es la lectura y la investigación. Tener un hábito de lectura ayuda en la comprensión de textos. Desde muy pequeño ama los libros; un hábito que hemos fomentado también con nuestro ejemplo.

Quiero destacar un curso de técnicas de control mental del Método Silva, porque nos ha ayudado positivamente a los tres, pero principalmente a Miguel, que lo aplica para estudiar y para el deporte obteniendo grandes resultados.

En una ocasión obtuvo un importante premio con uno de sus cuadros y lo invirtió en adquirir un ordenador MAC grande, que utiliza para sus trabajos de diseño; igualmente un dinero que le dieron sus abuelos para comprar una tableta de dibujo con la que ilustra cada semana la imagen de la Escuela de Padres que escribo en el periódico La Crónica de Salamanca, Bolitas, y de la que él es el ilustrador. Cuando obtiene ingresos por la venta de obras de arte o por trabajos que realiza, los destina a la compra de libros o en viajes

Lo importante es formarse y aplicar esa formación para ampliar horizontes y adquirir nuevas oportunidades en el futuro.

Tanto mi marido como yo somos un gran espejo en el que se sigue mirando nuestro hijo. Seguimos formándonos en diversos aspectos de nuestra vida y sin duda esto ayuda a que nos siga viendo como padres que no queremos quedarnos estancados, más bien todo lo contrario. Ahora él es un gran maestro a la hora de enseñarnos el uso de las nuevas tecnologías. Yo todo lo que sé lo he aprendido de él, aunque con menos paciencia que la que yo tenía con él cuando era pequeño. Se desespera cuando tiene que explicarme muchas veces el uso de alguna técnica informática o de las redes sociales.

El poder intercambiar conocimientos entre padres e hijos, es una experiencia muy enriquecedora.

SABER DECIR QUE NO

Seguramente a estas alturas de la lectura algunas personas pensarán que nuestro hijo ha sido un niño afortunado y mimado, lo primero sí, lo segundo no. En algunas ocasiones hemos tenido que mantenernos firmes en la negativa a algún capricho. Recuerdo un incidente a los dieciocho años: acababa de obtener el carnet de conducir y en el mes de julio quería ir a Galicia a un festival de música Celta y por supuesto nos pidió llevar el coche, no le dimos permiso. Se enfadó, pero después de ir en autobús y comprobar la gran cantidad de coches que había allí y que lo hubiera tenido que dejar aparcado a kilómetros de distancia, lo entendió. No nos parecía conveniente que con apenas un mes de experiencia hiciera un viaje tan largo. Lo sorprendente fue que nosotros estábamos en esos momentos en México y que podía haberlo usado y no nos hubiéramos enterado, sin embargo, nos lo pidió. Este detalle de confianza se lo hemos agradecido mucho. Poco a poco a medida que iba teniendo experiencia en conducir, fuimos cediendo al uso del coche y dejándole ir a desplazamientos más largos. Nos ha infundido siempre bastante confianza cuando sale por la noche. Si lleva el coche, no bebe, si sale y prevé que va a tomar algo más de una cerveza, opta por tomar un taxi. Hasta el día de hoy, gracias a Dios, no ha sufrido ningún accidente ni le han puesto una multa.

Otra gran batalla ha sido la limpieza de la habitación. Han sido muchas las peleas y enfados, pero tenía que entender que en casa había unas normas y cumplirlas; no solo era necesario, sino también imprescindible para convivir en paz.

Hoy reconozco que mereció la pena tantas veces que dijimos NO.

A muchos padres les cuesta negarse y ceder ante los antojos y caprichos de los hijos, ceden al chantaje por no disgustarles y poco a poco van perdiendo terreno. Cuando llega la adolescencia muchos lloran porque dicen que se les han ido de las manos y que ya no pueden con ellos. No respetan normas, ni tienen límites. Han perdido la autoridad y los hijos confunden libertad con libertinaje.

Mientras los hijos viven bajo el mismo techo y dependen económicamente de la familia, se impone como necesario respetar las normas que los padres creen positivas para el desarrollo integral de los hijos.

LUCES Y SOMBRAS

Hoy nuestro hijo tiene veinticuatro años y ya es libre de sus actos, pero ahora quizá más que en la etapa de la adolescencia, sigue contando con nuestra opinión. Gracias a "Whatsapp" y a "FaceTime", ya no hay distancias; nos mantenemos comunicados casi a diario. A mí me ha costado mucho no saber de él todos los días, pero he aprendido a respetar sus tiempos y cuando él necesita hablar con nosotros nos llama. Son muchos los días que desayunamos a la vez viéndonos la cara por "FaceTime". Nuestra vida ha cambiado tanto que me parece mentira que, estando en países tan lejanos, podamos estar tan cerca.

Sigue acompañándonos en las vacaciones, pero él hace sus propias escapadas a visitar a los amigos de otras provincias u otros países. De momento no tiene novia, sí muchas amigas, pero el día que la tenga, me gustaría que fuera muy feliz. Tiene un buen modelo en nuestro matrimonio y aunque hemos tenido que superar alguna que otra crisis, seguimos con ilusión y cariño.

De todas las etapas de la vida de Miguel voy a señalar unos años de oscuridad. De los siete a los catorce años estuvimos viviendo en Las Palmas y, aunque tenía sus días muy bien organizados con sus aficiones y deportes, fueron unos años de mucho sufrimiento. Yo estaba enferma, un día sí y otro también y ese problema nos afectó mucho a toda la familia. Tuvimos que convivir con la tristeza y el estrés. Cuando acudimos al colegio por la mañana, agobiaba mucho a Miguel porque él se tomaba su tiempo y yo no podía llegar tarde al colegio. Recuerdo que cuando dejé de ir a trabajar, él me dijo que estaba feliz porque ya no me ponía nerviosa por las mañanas.

Convivir con la enfermedad es una realidad en muchas familias y quizá sea en esos momentos donde más hay que dialogar y explicar a los hijos, que está sucediendo y cómo entre todos se puede llevar mejor la carga.

Otras sombras de su corta vida han sido los tiempos de separación. Por motivos de trabajo, Antonio ha estado trabajando en diferentes lugares de España y del mundo. No es fácil entender los desplazamientos y traslados de casa para un niño. Aún está en mi memoria la época en la que nos trasladamos de Madrid a Canarias. Durante año y medio, mi marido volaba todos los fines de semana de Las Palmas a Madrid y nosotros todas las vacaciones. Cuando a mí me concedieron el traslado de centro a Las Palmas, Miguel no quería ni entendía por qué teníamos que cambiarnos. Se había acostumbrado a ver a su padre todos los fines de semana y disfrutaba a tope de su compañía, para él su vida era perfecta, durante la semana estaba tan ocupado con el colegio, los juegos y actividades que se resistía a cambiar y dejar a sus amigos. Quizá esta fuera la razón por la que el tiempo que estuvo en Canarias no quiso echar raíces ni encariñarse con los amigos.

Han sido tanto los cambios de residencia que hemos hecho en nuestra vida, que a estas fechas ya no tenemos apegos ni a casas ni a lugares y, de las amistades, te quedas sólo con los más cercanos, a los que nunca pierdes y que sabes que siempre estarán.

No me gustaría finalizar estas líneas sin recordar a todas las personas que hicieron que Miguel tuviera una infancia, una adolescencia y ahora la juventud, maravillosa.

A la familia por mimarle y quererle, a las personas que nos ayudaron en su cuidado porque con su ayuda la vida familiar fue más llevadera, a todos los profesores y profesoras que con sus enseñanzas le llevaron a conseguir el éxito, a los amigos y amigas que hacen que cada día Miguel sienta que tiene una gran familia y a todas nuestras amistades que se vuelcan en demostrarle su admiración y cariño.

ESCUELA DE PADRES

Estas líneas son los artículos que he escrito en el periódico digital LA CRÓNICA DE SALAMANCA, durante casi tres cursos escolares. Algunos de los temas han formado parte en el programa de radio Escuela de Padres de COPE CIUDAD RODRIGO, con el que vengo participando semanalmente desde hace diez cursos.

El objetivo es recopilarlos en formato papel y presentarlo como un pequeño libro para que sea más cómodo de leer y tener a mano. Estas reflexiones semanales son el fruto de mis veinticinco años de carrera como maestra en diferentes colegios de Canarias, Cáceres y Madrid. Desde antes de comenzar a trabajar ya me estaba formando en la educación de padres porque para mí es, no sólo necesario, sino también imprescindible. Mi carrera de Psicopedagoga ha añadido una visión más enriquecedora en contenido psicológico y en la manera de enseñarlo.

El vocabulario es sencillo y el estilo directo para que sea asequible a todos los padres sin importar su nivel académico. Es una guía para acompañarles en la difícil tarea de educar a sus hijos en unos momentos en el que todos los contenidos están al alcance de un clic del ordenador, pero que, por el tipo de vida actual, cada día es más complicado.

Tenemos la suerte de contar con un gran número de seguidores en los dos medios de comunicación y esta recopilación es una forma de agradecer su fidelidad.

Las ilustraciones que hacen más atractiva la publicación de esta escuela de padres, es una colaboración de mi hijo Miguel. El dibujo de BOLITAS, es una creación propia que él plasmó en las ilustraciones de mi primer libro: PAPÁ,

MAMÁ: ¿DÓNDE ESTÁ MI PIJAMA? y que a tantas familias ha ayudado.

No ha sido fácil en muchas ocasiones, cumplir con el compromiso voluntario y semanal con los dos medios, pero hasta el día de hoy lo hemos logrado gracias a la ayuda de internet, que nos facilita superar las fronteras.

Gracias a Lira Félix y Juan Carlos Hernández, Directores de LA CRÓNICA y a Silvia Rojo, Directora de COPE CIUDAD RODRIGO, por confiar en mí. Cuando solicitaron mi colaboración en sus medios, me dieron una oportunidad de seguir educando, en este caso a los padres. Sus medios son dignos de reconocimiento por dar a la sociedad modelos de contenidos educativos, tan necesarios para lograr una sociedad con valores en la que nuestros hijos se desarrollen como se merecen.

Si los lectores quieren ampliar contenidos pueden acceder a mi blog de ESCUELA DE PADRES en la sección de opinión de La Crónica de Salamanca y escuchar el programa de radio en directo por internet, en www.copeciudadrodrigo.com los jueves a las 12:40 horas.

LOS PADRES VAMOS A LA ESCUELA

Comienza un nuevo curso escolar y muchos niños inauguran una nueva etapa de su vida, la escolar; otros la continúan. Los padres de una forma u otra también empiezan este curso escolar paralelo al de los hijos.

Cada vez son más los padres que se preocupan por formarse y estar a la altura de la educación de sus hijos, que no podemos olvidar que cada día es más difícil.

Los escolares actuales han nacido en la era de las nuevas tecnologías y a los padres les resulta adaptarse y comprender nuevas maneras de actuar y educar.

Desde esta sección pretendemos ayudar a las familias a educar a los hijos en valores y a los padres acercarse a una educación que no será de manual, por el contrario, estará basada en la experiencia y la orientación para llevar la vida diaria y la convivencia de las familias al éxito.

Entre todos podemos colaborar para lograr familias más responsables y felices, interesadas por una educación de calidad ajustada a los tiempos que nos toca vivir con una generación de hijos que despegan a velocidades de crucero y que no siempre podemos alcanzar.

Los padres podrán encontrar herramientas y estrategias para las diferentes etapas educativas y evolutivas de los hijos, como, asimismo, orientación para colaborar con los profesores y centros educativos.

LA VUELTA AL COLEGIO

Como cada mes de septiembre en muchos hogares los niños preparan las mochilas del colegio y se disponen a comenzar un nuevo curso, algunos por primera vez.

El verano va tocando su fin y a muchos padres les parecía imposible que llegara este momento de la vuelta al cole. Puede que muchos piensen que el periodo vacacional de los alumnos es demasiado largo y muy difícil de compaginar con la vida laboral.

Los niños se sienten contentos de reencontrarse con sus amigos de clase, de compartir las aventuras del verano, de estrenar sus nuevos materiales escolares y de conocer a sus nuevos profesores y tutores.

Desde esta sección de Escuela de Padres vamos a desgranar semana a semana temas de interés para las familias con la intención de mejorar la convivencia con los hijos, con los Centros Escolares y experimentar la experiencia de educar poco a poco.

El interés por ser buenos padres va en aumento y son muchos los que se inscriben a cursos de formación familiar o participan en las Asociaciones de Padres de los colegios para encontrar ayuda a la hora de solucionar los problemas que día a día aparecen en las familias.

Sería muy positivo que, en estos primeros días de curso, las parejas reflexionaran y dialogaran sobre:
- Los objetivos que quieren conseguir con respecto a la educación de sus hijos.
- Tener claros los valores fundamentales para un desarrollo óptimo.
- Consensuar las conductas y no quitarse la autoridad delante de los niños.

- Realizar una distribución de tareas entre todos los miembros de la familia y cumplirlas.

- Procurar encontrar momentos de encuentro para conocer los problemas de los hijos y poner solución desde el principio. Escucharlos con atención.

Ser buenos padres implica una dedicación diaria. Saber disfrutar de la etapa infantil de los hijos y adaptarse a sus intereses ayudar a empatizar y lograr una mejor convivencia.

Me gustaría hacer unas cuantas recomendaciones a tener en cuenta en este principio de curso:

- No dar todo a los hijos, incluso lo que no piden. Ellos lo que más necesitan es dedicación de calidad. No objetos materiales.

- Mostrar interés por sus estudios y estar en contacto con el Centro escolar y sus profesores desde el comienzo de curso.

-No olvidar que los progenitores son los modelos de los que aprenden los hijos, por tanto, se tiene que actuar con ética y coherencia delante de los hijos. No caer en el error de predicar lo que ellos no cumplen.

Semana a semana iremos aportando temas y consejos para llevar a cabo una de las actividades que más enriquece a las personas: la de SER PADRES.

LA PRIMERA VEZ QUE VAN AL COLE

El periodo de adaptación para los niños de tres años está impuesto en los centros escolares y muchos padres no entiende su utilidad, sobre todo los que han llevado a sus hijos a la guardería. Creen que la adaptación ya está superada, pero no es así y voy a intentar explicar su aplicación.

En primer lugar, este periodo se define como el tiempo de inicio gradual al colegio para los alumnos de tres años.
Se realiza en los primeros días de septiembre. Su aplicación es muy variada dependiendo del Centro y de la Programación. En general la lista de clase se divide en grupos pequeños y los niños acuden una hora que va aumentando gradualmente. En otros casos van un día un grupo y en días sucesivos el resto.

La importancia de esta fase es fundamental para una buena adaptación al colegio y es, asimismo, parte del éxito escolar futuro.

Para un niño de tres años, algunos no los han cumplido, entrar en un gran espacio y unas aulas gigantescas desde su altura, no es fácil. Tampoco lo es encontrarse en los patios con un grupo numerosos de niños de diferentes edades. El miedo a lo desconocido les da pavor.

Con respecto a los profesores son nuevos y el número de niños por clase es muy elevado. Ya no son el centro de atención como lo eran en el hogar, ahora tienen que compartir con sus compañeros a la profesora o profesor, que en la mayoría de los casos se sentirá desbordados ante los llantos y pataleos de algunos de ellos. Siempre se les podrá atender mejor si son un grupo pequeño que si comienzan todos juntos el primer día.

Adaptarse a las largas jornadas escolares para unos niños en los que la medida del tiempo se rige aun por el sueño, las horas de comer y jugar también es complicado.

Los padres tienen que saber que esta metodología es necesaria y positiva para sus hijos. Por tanto, es bueno planificar con tiempo estas fechas y buscar soluciones en vez de poner impedimentos que no harán más que lograr crear angustia en los niños.

Los Centros escolares, en general informan al hacer las matrículas de este periodo y por eso es imprescindible buscar la mejor solución para cada familia. Algunas sugerencias son:

- Intentar tomar vacaciones esos días en caso de que los dos padres trabajen.

- Pedir ayuda a algún familiar que tenga disponibilidad horaria.

- Buscar un cuidador que además atienda a los hijos cuando estén enfermos y no puedan acudir a clase.

Sería de mucha ayuda hacer una visita en junio al aula de tres años con los niños nuevos para que durante el verano se les pueda ir hablando del colegio y además adquirir hábitos de higiene y control de esfínteres.

Lo más importante es que los niños poco a poco adquieran el gusto por ir al colegio y lejos de ser un trauma sea la mejor experiencia de sus vidas.

¡QUIERO MI CHUPETE!

Cuando los padres preparan la canastilla del recién nacido siempre tienen en cuenta la adquisición del chupete. Ese objeto que para muchos bebés se hace imprescindible.

Hay muchas controversias acerca de su uso. Si la madre está en una asociación o liga de lactancia seguramente le desaconsejarán utilizarlo, pero la realidad es que el uso está muy generalizado y existe una gran variedad en el mercado dependiendo del momento.

Entre los beneficios se encuentran los siguientes:
- Ayuda al bebé a conciliar el sueño.
- Es muy eficaz contra la muerte súbita.
- Calma el estrés.
- Tiene efecto analgésico en la aparición dental.

Por otro lado, existen algunos inconvenientes o perjuicios.
- No debe usarse en el primer mes de vida para no interferir en la lactancia materna.
- Si la higiene no es adecuada tiene más riesgo de contagiarse de patógenos. (En ocasiones para limpiar el chupete lo chupa el adulto).
- La utilización después del año de vida puede provocar problemas en la dentadura como: desviación de dientes, mordida incorrecta o malformación del paladar que afectará a la correcta adquisición del lenguaje oral.
- Si no se va retirando poco a poco, será muy difícil el desapego e incluso puede aparecer adicción.

Cuidar al bebé es una de las experiencias más maravillosas que existen. Cada día más padres se preocupan de formarse e informarse para hacerlo de manera responsable y segura.

Desde esta sección de ESCUELA DE PADRES animamos a que a la hora de criar a los hijos piensen en sus beneficios, aunque en ocasiones resulte sacrificado. Si para evitar el llanto del bebé se le administra el chupete con substancias azucaradas, estarán perjudicando la dentadura ya que será más fácil que aparezcan caries. Lo correcto sería calmar al bebé con el contacto de la piel, mecerle o incluso relajarles con un suave masaje.

Asimismo, animo a padres y madres a que disfruten de los primeros años de sus bebés y para ello el contacto físico mediante juegos y canciones. Para el niño la relación con el adulto es tan valiosa como comer o dormir, ya que le aportan la seguridad necesaria para su desarrollo.

Hagamos un uso correcto del chupete y que no se convierta en sustituto de otras necesidades como son las caricias.

CONTROL DE ESFÍNTERES

Cuando los niños llegan al colegio, aula de tres años, es casi imprescindible, que tengan adquirido el hábito de control de esfínteres. El profesorado no puede atender en un colegio este problema como se hace en algunas guarderías, ya que se necesita un auxiliar y son muy pocos los centros que cuentan con esta ayuda. En la mayoría de los casos se suele avisar a los padres cuando ocurre un incidente, como es orinarse o hacerse caca, para que les cambien. Algunos consienten que los niños aporten en sus mochilas ropa de cambio y los profesores tienen que desatender al resto de alumnos mientras se cambia al niño afectado.

Los niños van adquiriendo una madurez que se suele reflejar de la siguiente forma:

- Entre 1 y 2 años: el niño reconoce que tiene necesidad de ir al aseo. En general, al final de los 2 años ya controlan de día y de noche, y es más precoz en las niñas.
- 3 años: el niño retiene sin dificultad. Puede controlar noche y día.
- 4 años y medio: puede inhibir el flujo durante la evacuación.
- 5 años y medio: es capaz de inhibir según su voluntad.

Casi un ochenta por ciento de niños controlan perfectamente sobre esa edad, pero el otro veinte por cierto sufre enuresis. Las causas pueden ser muy diversa:

- Mal aprendizaje en el control de esfínteres por parte de la familia.
- Retraso en el desarrollo de la musculatura implicada.

- Incapacidad de la vejiga para retener líquido.
- Estrés psicosocial al que el niño puede estar sometido: Muerte de un ser querido, la escuela, una hospitalización, el nacimiento de un hermano…

Lo importante es reconocer el problema y ponerle solución cuanto antes. Es recomendable comentar el problema con el pediatra para valorar si la causa es orgánica o psicosocial. En el primer caso se tratará con fármacos y en el segundo se pueden seguir varias pautas:

- Reconducir el aprendizaje del control de esfínteres con un programa progresivo.
- Animar y alentar a los niños con un sistema de registros y fichas positivas.
- Evitar la radicalización y por supuesto el castigo.
- Reforzar los logros.
- Ofrecer apoyo y cariño por parte del entorno familiar y escolar, que le ofrezca seguridad.

Actualmente muchas familias retrasan el aprendizaje del control de esfínteres apoyados por los productos cada vez más cómodos y limpios que ofrece el mercado, pero esto es un error. Esta etapa hay que trabajarla y ofrecer a los hijos la autonomía lo más pronto posible.

LOS PADRES SON MODELO DE APRENDIZAJE DE LOS HIJOS

Me atrevo a escribir hoy sobre el modelo que los padres ofrecen a sus hijos desde que llegan a este mundo hasta que se mueren.

Los progenitores en su vida diaria y en la relación que entablan con sus hijos, se convierten en modelos educativos a seguir por ellos; imitan, desde que son bien pequeños, gestos, palabras, acciones, comportamientos, tono de voz, manera de moverse, y lo que es más comprometido, valores y lenguaje. Si los padres se dieran cuenta que desde que los niños son bebés, absorben todo lo que ellos hacen y dicen, se cuidarían mucho a la hora de relacionarse.

Voy a poner varios ejemplos significativos que pueden ayudar a reflexionar:

Si queremos que un hijo adolescente no fume, prediquen con el ejemplo. No pueden prohibirle fumar si ve que los padres son fumadores de tres cajetillas y no vale la excusa de decir: "Es que no quiero que te pase como a mí, que ya soy adicto al tabaco". Idéntico ejemplo serviría con el alcohol.

Quizá el uso de un vocabulario poco correcto, palabrotas, burlas hacia los vecinos, familiares o amigos, pase muy desapercibido por los padres cuando lo utilizan delante de sus hijos, pero estos mensajes orales hacen que repitan esos patrones que de ninguna manera ayudarán a que sus hijos sean unas personas bien educadas.

Si los padres son mentirosos, no pueden regañar a sus hijos cada vez que le dicen una mentira.

El uso de la crítica destructiva delante de los menores repercute en la manera de ser y de actuar de los hijos. Sería mucho más efectiva la crítica constructiva, ya que les ayudará a ellos a no ser conformistas, pero desde un criterio propio.

La transmisión de valores se hace principalmente en la familia, por eso es tan necesario vivir con honestidad y coherencia para que los hijos respondan así ante la sociedad. En estos momentos en los que todo vale, tendríamos que pensar que es lo que está sucediendo en las familias, qué tipo de valores humanos y sociales enseñan los padres a los hijos.

Sé que muchos padres pensarán que los medios de comunicación influyen mucho al emitir información acerca de una sociedad decadente y corrupta, pero quizá ese sea el mejor tema para tratar con los hijos y ayudarles, desde el ejemplo, a construir una sociedad más justa y más honesta, sin pensar que es una utopía. Yo pienso que en el mundo actual hay más noticias y personas buenas, simplemente tenemos que saber destacarlas y eso es tarea de todos.

¡Os animo a intentarlo para que sea realidad!

NIÑOS CAPRICHOSOS, PADRES RESPONSABLES

Cada día resulta más difícil poner límites a los hijos. Se comportan de manera caprichosa y chantajista. Algunos padres sienten que han perdido el control y la autoridad y no saben cómo actuar.

Es importante saber decir que NO desde que son pequeños. El cariño y la autoridad no pasa por acceder a todos los caprichos y ceder a las rabietas.

Nuestro mercado y las ofertas de productos son tan abundantes que hacen que los niños están continuamente deseándolos generando una sociedad de consumo descontrolado y poco inteligente.

La fuerza de la publicidad influye de forma exagerada, por eso la tarea educativa de los padres en estos tiempos resulta un reto muy complicado de cumplir, pero más que nunca necesario.

Algunas pautas o directrices para lograrlo pueden ser:

- Desde que los hijos son bebés hay que educarlos a través de los hábitos y rutinas. La hora del baño, la comida, el paseo, el sueño y los juegos. Los bebés cambian la vida familiar y hay que adaptarse a ellos, pero muchos padres quieren continuar con la vida que tenían antes de nacer su hijo y no están dispuestos a sacrificar sus costumbres.

- Dedicarles tiempo y hablar con ellos intentando hacerles entender lo que es bueno para ellos es una tarea dura, pero muy necesaria.

- Aguantar los berrinches y rabietas del principio ayudará a que los hijos cambien de actitud al ver que no les dan resultado para lograr sus caprichos.

- Una pauta muy beneficiosa es reforzar las conductas positivas e intentar no prestar la atención a las negativas. Cuando se dan cuenta que actuando bien atraen más la atención de los padres, van cambiando y la convivencia se hace más llevadera.

- La negociación es otro recurso muy válido para lograr educarlos correctamente. Ser flexibles, pero sin perder la firmeza hace que los padres tengan la autoridad sin llegar a ser autoritarios.

- Una buena dosis de paciencia y amor ayudará a superar con éxito la etapa de las rabietas y hará que los hijos sean menos caprichosos y más equilibrados emocionalmente.

Merece la pena intentarlo.

LOS COMEDORES ESCOLARES

Nacieron en los colegios para dar solución a situaciones familiares en las que los padres por motivos de trabajo, no podían atender a sus hijos a la hora de comer debido a la jornada partida.

En la actualidad casi todos los centros tanto públicos como privados están dotados de este servicio y en muchos de ellos se amplía a la hora del desayuno con el programa de madrugadores.

Han evolucionado considerablemente, ya casi todos están en manos de compañías de catering que llevan los platos preparados o semi-preparados, pero aún existen comedores con servicio de cocineros, que preparan diariamente los diferentes menús para los escolares y profesores.

El servicio de comedor es un valor añadido a la hora de elegir centro para los hijos, Para muchas familias ayuda a solucionar el problema de la incompatibilidad familiar y laboral y para otras soluciona uno de las grandes dificultades como es que los niños coman de todo.

Aprender a comer es un hábito que se tiene que enseñar en la familia, pero muchos padres no saben o no quieren dedicarle tiempo y esfuerzo. Es muy triste ver a niños de Educación Infantil delante de un plato de comida en el comedor escolar llorando y quejándose porque no le gusta.

Desde bebés hay que irles acostumbrando a los diferentes sabores y texturas, pasando del puré a la comida troceada. Este cambio, al igual que la autonomía a la hora de comer solos y utilizar bien el vaso, la servilleta y los cubiertos, precisa de tiempo y paciencia por parte de los padres, que ante la impotencia de lograrlo, prefieren dejarlos en el comedor para que sean los cuidadores los que asuman la responsabilidad e impongan los límites y las normas.

Los comedores actualmente tienen que cumplir unas normas de sanidad y los menús están elaborados para lograr un equilibrio dietético, que cubra todos los alimentos necesarios para un desarrollo adecuado a la edad escolar. En este sentido los padres saben que sus hijos están bien alimentados.

En muchos comedores se da un problema de convivencia, aunque existen normas para poder acudir; muchos niños son conflictivos e incluso agresivos y generan un mal ambiente, alteran el orden y la paciencia de los cuidadores. Para evitar estos incidentes tienen que contar con la ayuda de los padres y ser los primeros en hacer cumplir esas normas.

Si algún niño tiene problemas con algún alimento o es alérgico es imprescindible que se ponga en conocimiento desde el momento que se hace la matrícula, pero sobre todo que tanto cuidadores como responsables del comedor lo conozcan de antemano para evitar daños irreparables.

Desde estas líneas animo a que tanto los alumnos que acuden a los comedores como los padres, recuerden que es un servicio y que el éxito depende de la colaboración de todos.

EL APRENDIZAJE SIGNIFICATIVO

El aprendizaje significativo, es según el teórico norteamericano David Ausubel, el tipo de aprendizaje en que un estudiante o cualquier persona, relaciona la información nueva con la que ya posee, reajustando y reconstruyendo ambas informaciones en este proceso.

Nuestra realidad escolar es muy diferente a la de hace unas décadas, debido a factores como la motivación, la disciplina y el clima en el aula. También la mayor diversidad y heterogeneidad de los alumnos son aspectos que facilitan las necesidades educativas especiales y, por tanto, hay que procurar nuevas metodologías que incluyan este aprendizaje significativo para lograr excelentes resultados académicos.

Esta nueva situación requiere de un nuevo planteamiento en la acción docente dirigida a todo el alumnado en el que se contemple todos los niveles de aprendizaje.

Algunas recomendaciones para lograr que el aprendizaje sea significativo pueden ser:
- El trabajo abierto.
- La motivación.
- La creatividad.
- Las adaptaciones curriculares.
- Nuevos métodos como el trabajo por proyectos.
- El mapa conceptual.

Para enseñar bien, el profesorado tiene que conocer cómo aprende el alumno, es decir de forma relacionada y conectada. Será a partir de ese momento cuando, utilizando las herramientas necesarias, el alumno consiga el aprendizaje y que además este sea significativo.

Es el momento de olvidarse de introducir conceptos y contenidos memorísticos y se enseñe a pensar a los niños. Que sean ellos mismos los que van descubriendo sus propios conocimientos a partir de las relaciones entre unos conceptos ya adquiridos y otros nuevos.

Los padres junto a los profesores tienen que apoyar a sus hijos para que, desde la motivación y sus propios intereses, exploren el mundo y sus posibilidades. Hay que conseguir que cada aprendizaje de los niños sea un motor para mover el potencial intelectual que está dormido en los cerebros.

¡YA LLEGAN LAS NOTAS!

Dentro de pocos días los colegios entregarán las notas a los alumnos. Para muchas familias será un trauma por la cantidad de suspensos que figurarán en el boletín de sus hijos y se llevarán las manos a la cabeza.

Es imprescindible realizar un seguimiento desde el principio de curso: controlar los deberes, realizar reuniones con tutores y profesores y conocer de primera mano cómo van. Los padres que están al día del progreso de los hijos, normalmente no se llevan ningún susto al recibir las calificaciones.

En este tema es muy fácil atribuir los suspensos a los profesores y los éxitos a los alumnos. Los Centros escolares realizan una evaluación continua de todos los alumnos y los profesores se esfuerzan en que los niños consigan los objetivos programados incluso realizando adaptaciones curriculares específicas. Para lograr un éxito en las calificaciones hay que trabajar conjuntamente, colegio y familia. Informar adecuadamente de los criterios de evaluación imprescindibles para lograr lo mínimo. De esta manera no surgirán sorpresa de última hora.

Actualmente existe un control de envío de notas a través de internet evitando las famosas falsificaciones de boletines que muchos alumnos realizaban para evitar algún que otro castigo.

Muchos padres caen en el error de prometer premios si sacan unas notas excelentes. Juguetes carísimos, que hacen que los hijos estudien en estos casos sólo para aprobar. Hay que transmitirles que en la etapa escolar su obligación es estudiar y el premio debería de ser un refuerzo verbal como por ejemplo:

- ¡Qué orgullosos estamos de ti!
- ¡Eres un buen estudiante y te organizas muy bien!
- ¡Lo has conseguido!, ¡sigue así y te sentirás muy feliz!

Con los niños que llevan muchos suspensos también se pueden cometer errores como:

- ¡Eres un inútil y nunca llegarás lejos!
- ¡Eres un perezoso!
- ¡Tu hermana es más lista…!

Ejemplos de mensajes negativos como los anteriores sencillamente hundirán a los estudiantes y lejos de levantarle la autoestima, se frustrarán mucho más. En algunos casos los padres les imponen castigos tan duros y largos en el tiempo, que no son capaces de seguir, como:

- ¡No saldrás en todas las Navidades!
- ¡No verás la televisión!
- ¡No utilizarás los videojuegos!
- ¡Los Reyes no te dejarán nada!

Casi nunca surten efecto porque el castigo tiene que ir en relación a la infracción, en este caso las calificaciones.

Desde estas líneas animo a los padres a que realicen un seguimiento diario de los estudios de sus hijos y les ayuden a progresa para evitar disgustos con las notas.

PREPARANDO LA CARTA DE LOS REYES MAGOS

Comenzamos el mes de diciembre y los padres ya están recibiendo en sus casas catálogos de juguetes de las grandes superficies y los anuncios de televisión y de las redes sociales van en aumento. Muchos padres temen estos días por la presión de sus hijos para conseguir lo que quieren a través de esta tan deseada carta a sus Majestades Los Reyes Magos y Papá Noel. Cada vez es más difícil hacer entender a los hijos que no pueden pedir todo lo que desean.

La mayoría de los niños se dejan encantar por la publicidad, que en muchos casos no coincide con la realidad, ocasionando muchas frustraciones cuando reciben los regalos. Las tendencias y modas de ciertos artículos influyen mucho a la hora de elegir. Si mi amigo pide esto, yo también, aunque no acabe de gustarme del todo.

En el encargo de los regalos influye también los deseos de los padres. Muchos adquieren artículos que ellos no pudieron tener en la infancia y de alguna manera ahora cumplen sus deseos sin pensar o recapacitar si son los regalos que sus hijos quieren.

Como recomendaciones comento que es bueno mantener la ilusión en los hijos por un acontecimiento o tradición tan importante en el desarrollo afectivo e intelectual de los hijos. Dejarles soñar es fundamental, vivir estas fechas con ilusión, expectativa y magia ayuda a recordar la infancia como una etapa maravillosa y feliz.

En estos días los padres pueden acompañar a los hijos a visitar jugueterías para que comprueben bien cómo son los juguetes y que características tienen, para no llevarse sorpresas negativas cuando reciban los regalos.

Estas fechas pueden ser momentos muy educativos ya que se pueden tratar muchos temas de valores. Hacerles entender la suerte que tienen en comparación con millones de niños del mundo, que no pueden obtener ni un solo juguete. Es también tiempo para ser solidarios con los más débiles.

Y no quiero terminar sin ofrecer una reflexión: Saber decir que NO a los hijos es un acto de responsabilidad y cariño. No es necesario darles todo lo que piden para calmar la conciencia de los padres ante la falta de dedicación.

¡ESTE NO ES MI JUGUETE!

Seguramente en muchas casas se escuche esta exclamación durante estos días de Navidad y puede que algunos padres tengan que sufrir alguna rabieta de sus hijos. Es triste ver la cara de los niños cuando abren los regalos que pidieron a Papá Noel y a los Reyes magos y descubren que no corresponde con lo que pidieron. En algunos casos ni se parece. Muchos padres se empeñan en seguir regalando lo que les gusta a ellos o lo que quisieron tener de pequeños y no le ofrecieron. Ciertamente no son conscientes del daño que producen en sus hijos.

Serán muchos los niños que tengan que aprender a vivir con la frustración y el desconsuelo el resto de sus vidas. Los primeros años son fundamentales en la formación de la personalidad y de cómo se vivan va a depender el futuro de los hijos.

No hay que confundir este detalle de ofrecer lo que los hijos piden en sus cartas, con el consentir. Un niño consentido es el que siempre que abre la boca para pedir algo, lo obtiene al instante.

En este caso, los padres tienen que ser muy hábiles para conducir y conocer los gustos de sus hijos y que cuando decidan el regalo sea el más idóneo, pero también el que les produce ilusión, alegría y ganas de jugar.

Esta época de Navidad es tiempo para jugar con los hijos, para volver de nuevo a la niñez y recordar los primeros años, narrar a los hijos sus vivencias e incluso mostrar fotografías.

Los tiempos cambian y con ellos los regalos y los juguetes. Adaptarse a los gustos de los hijos es fundamental para lograr una buena armonía familiar. Ni lo de antes era mejor, ni lo de ahora es lo más maravilloso. Centrarse en la actualidad y dejarse llevar por los acontecimientos, gustos y modas, puede ser positivo, aunque también hay que procurar que cada miembro de la familia tenga su propia identidad y personalidad a la hora de elegir sus regalos.

Quiero recordar que no siempre el mejor juguete es el más costoso. Algunos niños piden en sus cartas juguetes sencillos y baratos, pero nunca le llegan. Quizá algunos padres se dejen llevar por el consumismo y "el qué dirán" antes que por el gusto de sus hijos.

Espero y deseo que en esta Navidad tanto Papá Noel como Sus Majestades los Reyes Magos les ofrezcan a todos los niños los juguetes y regalos que pidieron.

¿QUÉ HACEMOS CON NUESTROS HIJOS EN NAVIDAD?

Durante las vacaciones de verano es muy sencillo ocupar el tiempo de ocio con actividades al aire libre: excursiones al campo, playa, campamentos de veranos, cursos de idiomas, escuelas deportivas o piscina. Sin embargo, en las vacaciones de Navidad algunos padres se agobian porque no saben qué hacer con sus hijos. En su interior no quieren contribuir a la "Tele niñera", es decir a que los hijos se pasen parte del día delante de una pantalla de: televisión, de IPAD, de los video juegos o del teléfono móvil, que cada vez es más frecuente entre los más pequeños.

La mayoría de las familias quieren que este tiempo sea mágico y especial, creo que así debe ser si tenemos en cuenta que los años de la infancia y de cómo se vivan, van a influir positivamente o negativamente en el desarrollo psicosocial de los hijos.

Desde estas líneas ofrecemos unas propuestas para ocupar el tiempo de ocio en familia durante estas Vacaciones de Navidad si bien hay que considerar la edad de los más pequeños y consensuar con los hijos mayores para que sea un tiempo enriquecedor para todos y se eliminen conflictos y discusiones. Los intereses de los que tienen de dos a seis años discrepan mucho de los que tienen entre seis y diez y mucho más a partir de esa edad.

Sugerencia de actividades:
- Visitas de Belenes.
- Entrega de la carta a los Reyes Magos.
- Cuenta cuentos.

- Actividades lúdico navideñas organizadas por las Asociaciones de Vecinos, Ayuntamiento y Centros comerciales.
- Visita a mercadillos solidarios como el de PYFANO.
- Cine infantil en familia, aprovechando la visita de otros familiares.
- Visitas a casa de amigos y familiares para compartir juegos y juguetes.
- Acudir a Galas de Navidad de los diferentes Centros Escolares.
- Hacer trabajos manuales con material reciclado para colgar en el árbol de Navidad.
- Decorar el Belén y el Árbol.
- Elaborar regalos con catálogos de los centros comerciales aprovechando los detalles de decoración y añadiendo mucha imaginación, para ofrecer a los familiares. Algunos pueden ser: marcos de fotos, salvamanteles, servilleteros, adornos de guirnaldas…

Lo importante es que los hijos desarrollen la imaginación, la creatividad y aprendan a ocupar este periodo vacacional de una manera divertida y sana.

LOS CELOS: DESTRUCTORES DE FAMILIAS

Los celos junto con la envidia, son dos emociones que producen sentimientos negativos capaces de destruir y desestabilizar a una persona. Son sentimientos tan fuertes que impiden tener relaciones sanas.

Los celos entre hermanos son más habituales de los que pensamos y de cómo conduzcan la educación de los hijos los padres, va a depender mucho que este problema se supere o por el contrario se enquiste y tenga unas repercusiones muy nefastas en la edad adulta.

Los celos se diferencian de la envidia en que esta se da entre dos personas como resultado de una comparación desfavorecida que llega a afectar a la autoestima.

Los celos son un sentimiento que aparece en triada siendo el resultado de la amenaza de perder, real o potencialmente, el amor de una persona que puede ser la pareja, los padres, un amigo y en nuestro tema, un hermano.

Este sentimiento tan fuerte se sustenta en el anhelo de poseer al ser amado en exclusividad, excluyendo al rival.

Algunos de los acontecimientos o circunstancias que pueden dar lugar a su aparición pueden ser:

- El nacimiento de un hijo. Si es el primero se pueden originar celos del padre hacia el bebé, por la falta de dedicación por parte de la esposa. Cuando antes eran el uno para el otro a tiempo completo, de repente hay que compartir el cariño con el bebé.
- Otro origen es el nacimiento del segundo hijo. Es el más frecuente entre los celos de hermanos. El segundo se siente destronado y comienza a

manifestar conductas destructivas hacia el nuevo miembro de la familia o hacia él mismo, llegando incluso a enfermar.

Este tema es muy serio y si no se conduce con maestría puede hacer mucho daño y destruir las relaciones de una familia.

- El tercer supuesto es celos hacia la familia política, en mi opinión el menos grave.

Como ayudas al problema podríamos aportar:

- Diálogo para ofrecer la oportunidad de expresar esos sentimientos negativos y destructivos. Cuando la persona es capaz de reconocer, exteriorizar y aceptar los celos, se puede conducir hacia una superación, de lo contrario se convertirá en un tema que afectará de por vida a la personalidad del individuo.

- La actitud de los padres hacia sus hijos, sobre todo al que siente celos, es fundamental para lograr superarlos. Se le dedicará una atención más individualizada, pero sobre todo hay que ser justos a la hora de ofrecer a los hijos las mismas oportunidades.

- Una buena dosis de amor, explicación y paciencia resultará muy eficaz.

- No podemos descartar la ayuda de profesionales para curar el problema antes que sea demasiado tarde y las repercusiones sean irreparables.

NIÑOS CON ADICCIÓN AL ESTUDIO

Muchos padres cuando lean estas líneas pensarán: "¿Es que existen niños adictos al estudio?" Sí, son pocos, pero existen. He conocido varios casos y puedo asegurar que es un gran problema, como cualquier otra adicción.

La mayoría de los padres luchan con sus hijos para que estudien, hagan las tareas, lean y se interesen por el estudio. A casi la totalidad de las familias les preocupa que sus hijos rindan en los centros escolares y superen los cursos con nota.

Sí, existen los niños adictos al estudio y que se pueden llegar a confundir con los llamados "empollones".

Los llamados empollones son niños que quieren obtener excelentes calificaciones en todo, sobresalir académicamente, pero que también tiene vida social, aunque generan muchas envidias y en ocasiones son víctimas de acoso. En el lado opuesto, están valorados por otro grupo de iguales que además sacan partido y beneficio de su amistad.

Los niños adictos al estudio comienzan su andadura en los primeros años escolares. Se caracterizan e identifican por las siguientes conductas:

- Los únicos intereses son los libros, apenas prestan atención a otros juguetes.
- Tienen la autoestima muy baja y necesitan superarse continuamente.
- Continuamente se miden y comparan con los iguales.
- No sienten la necesidad de relacionarse con niños de su edad y apenas tienen amigos y los que tienen suelen estar impuestos por los padres.

- Sufren crisis de tristeza y angustia con mucha frecuencia.

- A medida que transcurren los años se encuentran más encerrados en sí mismos y no les interesa más relación que los contenidos educativos.
- Les faltan horas para estudiar. Desean que el día tenga más para poder desarrollar su estudio.
- Si no cumplen sus objetivos de obtener las mejores calificaciones, se deprimen y llegan a enfermar. Les cambia hasta el color de la cara y su vitalidad disminuye.

Es muy importante que, si los padres observan en sus hijos este tipo de adicción, les lleven a un especialista para seguir una terapia adecuada que les haga retomar la actividad adecuada a la edad cronológica y por encima de todo que recuperen su actividad social, imprescindible para un desarrollo armónico.

HOY NO VOY AL COLEGIO, TENGO FIEBRE

En estos días muchas personas se encuentran enfermas. Es tiempo de epidemias como la gripe, catarros, bronquitis o cualquier otra enfermedad contagiosa, tipo varicela, que propicia que los niños y profesores se ausenten de los colegios.

Este fenómeno rompe el ritmo de las familias y el del curso escolar, pero no es razonable que los niños y profesores enfermos acudan a las aulas por las siguientes razones:
- Se produce un rápido contagio con los compañeros.
- Los niños enfermos no pueden rendir.
- El tiempo de recuperación es mucho más lento.
- La enfermedad se puede agravar y complicar con otra infección al tener una gran bajada de defensas.

Por todo lo enumerado anteriormente, los padres tienen que considerar este tema como muy importante.

Cuando los niños comienzan el colegio hay que contemplar este problema y tienen que tener una solución, algunas ideas pueden ser:
- Dejar a los niños al cuidado de otra persona que se contrate por días.
- Recurrir a la familia.
- Tomar días de vacaciones del periodo de los padres.

Cualquier solución será buena para evitar llevar a los hijos enfermos y en ocasiones con fiebre, al colegio.

Un fenómeno que se da en algunas ocasiones es que hay niños que fingen estar enfermos para no acudir a clase. Los padres deben diferenciar este chantaje. Por otro lado, hay algunos que tienen un gran problema emocional y de tanto creerse enfermos, acaban enfermando.

Las familias que tienen varios hijos sufren un mayor trastorno si el que enferma es uno. Aparecen celos en los otros hermanos o se acaban contagiando y el problema familiar se agrava.

Otra recomendación importante es acudir al médico, no administrar medicinas sin la supervisión de un facultativo. En muchas ocasiones se pueden confundir los síntomas y están enmascarando una enfermedad que los padres desconocen. Y en ningún caso llevar medicinas para que se las administren los profesores. Ellos no tienen esa obligación.

Desde estas líneas recomendamos a todas las familias que cuando un hijo esté enfermo, se le cuide lo mejor posible en casa para que su recuperación sea más rápida y se eviten los contagios.

La ausencia de tres o cuatro días no repercutirá en el resultado escolar, pero si la enfermedad no se trata en el domicilio y acuden enfermos al colegio el malestar se prolongará por más tiempo, repercutiendo no sólo en los niños enfermos, también en el ritmo de la clase ya que el profesorado se sentirá incomodo con la situación y no ofrecerá una enseñanza de calidad.

LA OBESIDAD INFANTIL VA EN AUMENTO

Según las últimas estadísticas de la Organización Mundial de la Salud la obesidad infantil está aumentando a gran velocidad. Mientras la mitad de los niños del planeta se mueren de hambre, la otra mitad están obesos. Este tema es muy preocupante y, por tanto, las familias tienen que tomar medidas.

Los nuevos estilos de vida, la comida preparada o precocinada y el exceso de consumo de golosinas y bollería, son los factores que más influyen junto con la falta de ejercicio físico. Los niños pasan muchas horas sentados delante de la televisión, video consola, ordenador, tableta o teléfono móvil; los desplazamientos por la ciudad se hacen casi siempre en coche incrementando la pasividad. Las consecuencias son tan negativas para la salud de los hijos, que cuando los padres se quieren dar cuenta, ya han adquirido enfermedades como diabetes, trastornos respiratorios, circulatorios y un sin fin de enfermedades asociadas a la obesidad.

Sin embargo, existe otro aspecto no menos importante que es el social. Un niño obeso en ocasiones sufre burlas, chanzas e insultos en el entorno escolar por parte de los compañeros, afectándole a su integridad emocional. Las familias deberían de considerar la gravedad del tema y poner soluciones.

Desde estas líneas hacemos algunas recomendaciones para ayudar a los padres y a los hijos:
- Planificar en familia y con consenso la práctica de ejercicio físico como montar en bicicleta, salir a correr, acudir a la piscina, apuntarse a deportes de

equipo o individuales o senderismo familiar para beneficiarse del conocimiento del entorno. Cuando hay una implicación de los padres, los hijos adquieren el hábito con más facilidad.

- Evitar la comida basura. Cocinar en casa en colaboración de los niños, con productos frescos y saludables. Cuando son los hijos los que cocinan es más fácil que coman productos como verduras, frutas y pescados que a la mayoría no les gusta. Ellos son muy creativos y hay que darles la oportunidad de que creen sus propias recetas saludables.

- Controlar la ingesta de bollería y golosinas. Siempre es mejor hacer postres caseros donde sabemos que productos y cantidades se añaden.

Para concluir quiero animar a los padres a considerar el tema de la alimentación de los hijos seriamente para evitar, no solo la aparición de enfermedades derivadas de la obesidad, sino también la de trastornos como anorexia o bulimia.

El ejemplo de una comida sana y una práctica de ejercicio regular será el mejor ejemplo para los hijos.

CUIDADO DE LAS MASCOTAS

Hace unos días fue San Antón, Patrón de los animales de compañía. Ahora llamados MASCOTAS. Todos los medios de comunicación mostraban como los dueños acudían a las iglesias a recibir la bendición.

Muchos niños piden a sus padres que les regalen una mascota. Sus amigos tienen y ellos quieren una. Hay mascotas para todos los gustos. Perros, gatos, peces, ratones, tortugas, pájaros…

Se tiene una mascota por muchos motivos: hacer compañía, amor a los animales, como premio por unas buenas calificaciones, haber pasado el curso, por seguir la moda, o por capricho. La inmensa mayoría de los hijos que tienen una mascota las cuidan mucho al comienzo, pero pasado un tiempo, cuando se dan cuenta que necesitan cuidados diarios, empiezan a pasar esas obligaciones a los padres. Si los padres acceden a consentir tener una mascota en casa, tienen que ser muy claros con los niños y explicar muy bien que no son juguetes que si no los quieres los arrinconas. Se están generando muchos problemas en las familias por el cuidado y atenciones de las mascotas.

Tener un animal en casa requiere muchas obligaciones, comida, clínica veterinaria, limpieza, paseos y en estos momentos mil accesorios que las firmas comerciales están haciendo que parezcan imprescindibles: Juguetes, trajes, hasta programas especiales de pago en televisión para evitar el estrés de las mascotas.

¿Qué está pasando?, ¿se está sustituyendo a los hijos por mascotas? Mucho me temo que en muchos casos sí.

Es cierto que los animales de compañía ayudan a muchas personas a superar la soledad, a sentir la alegría de tener un ser a su lado que le ofrece mucho sin pedir nada a cambio.

Para los hijos, tener una mascota puede ser una gran oportunidad para adquirir responsabilidad y constancia siempre que los padres no claudiquen y flaqueen.

Sin embargo, el aspecto más triste es el abandono. No es ético tener mascota mientras apetece y se deja cuando empieza a generar problemas, sobre todo en vacaciones.

Si se tienen mascotas hay que ser consecuentes y cuidarlas. No olviden que son seres vivos.

NIÑOS ADOPTADOS

Este no es un tema nuevo, pero sí va en aumento. Cada vez llegan más niños adoptados a las aulas y a diferencia de lo que ocurría hace años, ahora la procedencia es muy diversa: China, Rusia, Países del Este, Latinoamérica o del Continente Africano.

En España se está retrasando mucho la natalidad, por diversos motivos:
- Falta de o trabajo precario que no permite una estabilidad familiar.
- Deseos de alargar más la etapa de soltería o incluso la problemática de no encontrar la media naranja.
- Dificultades en la fecundación. Este caso está dando lugar a la aparición de muchas clínicas especializadas y que se están convirtiendo en un buen negocio.

La realidad es que el ser humano lleva muy arraigado el instinto de reproducción y de continuidad de la especie y eso hace que se desee tener hijos, incluso si no se posee una pareja. Cada día es más común la existencia de hijos de madres solteras o de parejas de homosexuales. El modelo de familia está cambiando y con ello la llegada de los hijos.

Con respecto a los niños adoptados hay que señalar que son tan queridos y deseados como los naturales, e incluso en muchos casos más.

Los hijos adoptados se pueden encontrar con algunas dificultades y que es deber de los padres y educadores ayudarles a superarlas. Entre otras son:
- Comentarios desagradables y despectivos sobre la raza a la que pertenecen.
- Exceso de mimos y protección que les pueden convertir en niños caprichosos.

- Celos si conviven con otros hermanos.
- Dificultades de adaptación a los colegios y círculos sociales, sobre todo si cuando llegan a España ya tienen más de cuatro años.
- Desconocimiento de nuestro idioma y costumbres.

A pesar de todos los obstáculos, tener un hijo adoptado es una inmensa alegría para los padres que durante años buscan y desean uno incluso superando todas las grandes dificultades burocráticas.

Vivimos en una sociedad cada vez más plural y como ciudadanos tenemos que aceptar e integrar a todos sus miembros.

En las familias se tiene que tener muy claro las ventajas y dificultades a las que se van a enfrentar y solventarlas con rapidez y maestría para que la vida familiar transcurra con normalidad y sus miembros vivan felices.

EL DESARROLLO DE LA INTELIGENCIA EMOCIONAL DESDE LA INFANCIA

Este tema tan de moda en los círculos educativos, no es tan moderno. Va unido a la persona, pero es cierto, que al no pertenecer al grupo de disciplinas del currículum que aparecen en los boletines de calificaciones, no se le otorga la importancia que merece y sin embargo es sumamente importante.

Los centros, profesores y padres que consideran la inteligencia emocional como eje fundamental en el desarrollo del alumno, saben que   tiene repercusiones muy positivas para marcar la diferencia aportando niños con éxito en todos los sentidos: académicos, sociales y personales.

Se entiende por Inteligencia Emocional la capacidad que tiene la persona para controlar y gestionar las emociones y utilizarlas con la habilidad adecuada. Este aspecto permite afrontar el día a día de un modo más eficiente para beneficio personal evitar la frustración.

Algunos aspectos importantes para ayudar a desarrollar la Inteligencia Emocional:
- Reconocer emociones básicas.
- Uno de los mayores logros es controlar la ira. Desde bebés los niños manifiestan esta emoción cuando no consiguen lo que quieren. Por eso es imprescindible ayudarles con límites, normas y hablando con ellos. Los niños entienden más de lo que imaginamos.

A partir de los dos años es una edad muy adecuada para iniciar a los niños en el campo del reconocimiento de las emociones, ya que es cuando comienzan a interactuar con los adultos y otros niños. Los padres pueden introducirlos en el reconocimiento de emociones como: alegría, enfado, miedo y rabia.

Algunos ejercicios muy efectivos son:

- Enseñar caras con las diferentes expresiones a los pequeños.
- Que señalen la que identifique su propia emoción.
- Hacer preguntas como: ¿Qué le pasa a este niño?, ¿está triste como tú?, ¿por qué crees que estás, triste, alegre…? o la emoción que elijan.
- El mismo ejercicio, pero reconociendo la emoción en otro, por ejemplo, en su hermano, papá o mamá. Este ejercicio ayuda a desarrollar así mismo la empatía con los otros.

- Saber nombrar las emociones. A partir de los cinco años es necesario que los hijos sepan nombrar la emoción que sienten y por qué; por ejemplo: estoy contento porque mañana vamos al cine y me gusta mucho; estoy enfadado porque mi amigo no me dejó jugar con su consola.

- Saber afrontar las emociones. Los niños en ocasiones se ven desbordados por sus emociones y las manifiestan con: rabietas, golpes, gritos… Los padres no deben reforzar estas conductas. Cuando se termine hay que enseñarle a que puede manifestar en voz alta qué es lo que le molesta. Que aprendan a manifestar sus sentimientos desde pequeños. Desarrollar todo lo posible la capacidad de comunicación oral. Aunque para algunos niños una buena ayuda puede ser expresar mediante un dibujo su estado de ánimo y después verbalizarla narrando su contenido.

- Desarrollar la empatía. Desde pequeños hay que dialogar mucho para hacerles entender y razonar. Un buen ejercicio son las preguntas encadenadas. Un ejemplo puede ser: ¿cómo crees que se siente tu hermana con lo que le has dicho?", "¿por qué crees que está llorando?", "¿cómo puedes solucionarlo?".

- Desarrollar la escucha. Desde muy pequeños los niños deben aprender a guardar silencio mientras los demás hablan, pero además la escucha debe ser activa, de ahí que se les hable despacio, frente a frente y terminando las frases con un "¿has entendido?", "¿estás de acuerdo o no con lo que te he dicho?"

Existe mucha información sobre el tema de la INTELIGENCIA EMOCIONAL y por la importancia que tiene para alcanzar el éxito en todos los aspectos, aconsejo a los padres que se cultiven y pongan en práctica todos los conocimientos.

CRUZA POR EL PASO DE CEBRA

Para muchos padres resulta difícil hacer comprender a sus hijos pequeños, las normas de circulación y en definitiva la educación vial.

Los niños empiezan a estudiar en el colegio este tema apoyados por los cursos y demostraciones de la Dirección General de Tráfico e incluso la Policía Local, mostrando de manera agradable y motivadora la lección de contenidos, pero sobre todo la práctica. Los escolares interiorizan muy bien las señales y ponen en práctica las normas de circulación básicas: Respetan los semáforos, los pasos de cebra, el carril bici, las señales de peligro…

Estos hábitos se hacen imprescindibles a la hora de realizar actividades extra escolares en grupo, ya que facilitan la labor de guardia y custodia del profesorado evitando accidentes y disgustos.

Si estas lecciones que los hijos aprenden, se practicaran durante el resto de sus vidas, se evitarían muchos accidentes y sus consecuencias: traumatismos y fallecimientos. ¿Qué sucede entonces? Desde mi humilde opinión los padres, cuando los hijos son pequeños, ponen mucho énfasis en que se respeten las normas, pero en ocasiones son ellos mismos los que las infringen y con ellos de la mano, haciendo caso omiso a las recomendaciones de sus propios hijos. No se puede predicar con la palabra, si no se cumple con el ejemplo.

Es muy fácil justificar el error con explicaciones como: ya sé que no podemos cruzar en rojo, pero tengo mucha prisa. Hoy no pasa nada.

Recordemos que los padres son los mejores modelos para el aprendizaje de los hijos.

Si deseamos tener personas con buenos conocimientos en Educación Vial y excelentes conductores, hay que ser conscientes de esto.

Los viajes y traslados en coche, autobús o cualquier otro medio de comunicación, se pueden convertir en oportunidades muy valiosas para que los pequeños aprendan las señales de tráfico de manera divertida, jugando y haciendo el viaje más agradable. Este es un recurso que recomiendo y que, si se pone en práctica, los mismos padres se darán cuenta que serán verdaderos instructores de Educación Vial, tan necesaria para la sociedad.

No podemos olvidar que para que un hábito se interiorice bien, hay que practicarlo repetidamente y automatizarlo.

Seamos coherentes respetando las normas con los hijos SIEMPRE.

LAS ABUELAS Y LOS ABUELOS CANGURO

Cada vez más familias tienen que apoyarse en las abuelas y abuelos para el cuidado de los hijos pequeños. Los que tienen la suerte de trabajar padre y madre, en ocasiones, sus sueldos no les alcanzan para contratar a una persona que se haga cargo de los menores. La falta de ayudas para guarderías y Escuelas Infantiles, es también otra de las principales razones por la que los padres tienen que recurrir, si quieren tener hijos, a la ayuda familiar principalmente de las abuelas.

Es muy habitual encontrarte a primeras horas de la mañana, coches aparcados en doble fila delante de la casa de los abuelos para dejar a los niños, casi siempre en pijama, para que desayunen en sus casas y después les lleven al colegio.

Todos conocemos el dato de la bajada de la natalidad y es que no es fácil tener hijos en estos tiempos en que las circunstancias laborales no son las más idóneas. Muchas empresas incluso se niegan a contratar mujeres embarazadas o las despiden en cuanto pueden, cuando tienen conocimiento de la nueva situación.

Compaginar los horarios laborales con los escolares, tampoco es tarea fácil y, por supuesto, mucho más complicado es pedir excedencias que, si bien es cierto que están contempladas por ley, no todas las familias pueden permitírselo.

Otro factor que influye es la falta de profesionalidad de algunas personas que se dedican al cuidado de los más pequeños. Los padres tienen que estar muy seguros de conocer bien a la persona que contratan, ya que la realidad es que existen muchos casos en los que se han descubierto abusos, maltratos e incluso abandono de los menores.

Todas estas circunstancias hacen que sean las queridas abuelas y abuelos los que asuman la tarea, renunciando a parte de su vida personal por el bien de sus hijos y nietos.

Este buen acto en ocasiones también viene cargado de pequeños problemas que si se conocen se pueden evitar:

- Las abuelas no deberían de asumir la misión de educar a sus nietos, ese es un papel de los padres, pero si es cierto que al pasar muchas horas bajo su cuidado se sienten en la obligación de poner normas, límites y enseñar hábitos. Si estos aspectos se consensuan con los padres, entonces los niños no realizarán chantajes a ambas partes para obtener beneficios.
- Los caprichos que algunos abuelos dan a los nietos para ganarse su cariño, se tiene que dejar para ocasiones especiales y no habitualmente.
- Los padres tienen que insistir en el respeto hacia los mayores. Es muy frecuente encontrarte con niños que hablan mal, gritan e incluso maltratan a sus abuelos. Estas conductas son intolerables.
- Los padres cuando dejan a sus hijos al cargo de los abuelos tienen que ser conscientes que estos necesitarán tiempo para ellos mismos, actividades de ocio y periodo de vacaciones. Por tanto, buscarán solución y evitarán reproches y exigencias.

Ser abuelos es algo maravilloso y como tal se tiene que vivir, por eso es muy necesario crear buenos vínculos entre las tres generaciones y evitar problemas y disgustos que en ocasiones llevan a rupturas familiares irreparables. Añadir sentido común y una gran dosis de comprensión, tolerancia y cariño, ayudará a tener hogares y familias felices.

¡YA LLEGÓ EL CARNAVAL!

En estos días previos al carnaval casi todos los centros escolares preparan la fiesta y las familias se alteran sólo de pensar en hacer los disfraces o comprarlos. A los niños y no tan niños les encanta disfrazarse.

Esta época es excelente para soltar tensiones, frustraciones, para gritar lo que en otros momentos o circunstancias no puedes.

A los niños entre tres y siete años les encanta asumir otros roles, por eso el hábito de disfrazarse es muy común. Es necesario que mediante el disfraz saquen sus miedos.

Recuerdo como en mi clase de Educación Infantil a los niños les gustaba disfrazarse de niñas y decían que eran las mamás y las niñas asumían el rol del papá. Este juego simbólico, propio de esta etapa, es necesario para desarrollar la personalidad del niño y obtener un equilibrio emocional. Estas prácticas las realizan igualmente en las casas y cuando muchos padres ven a sus hijos varones colocarse unos zapatos de tacón de la madre, un collar y se pintan los labios, se asustan e incluso dicen que su niño es gay. Están muy lejos de la verdad. Si escucharan el discurso que hacen, comprobarían que simplemente exteriorizan todo lo que no se atreven a decir a la madre, la señorita, la abuela, las hermanas… De igual forma hacen cuando el disfraz es de papás.

Las dramatizaciones son excelentes terapias y para eso ayuda mucho el disfraz. Es una coraza muy beneficiosa.

Estos días de carnaval son para disfrutar en familia. Los padres que se disfrazan y acompañan a los hijos en desfiles y se divierten juntos, crean unos lazos muy positivos y una herramienta óptima para poder superar situaciones de crisis familiar.

Algunas consultas de Psicólogos utilizan las dramatizaciones con excelentes resultados.

Preparar disfraces en familia es divertido, sencillamente es echarle imaginación y con bolsas de basura, cartulina y un poco de pintura se puede confeccionar un disfraz de payaso y salir a la calle a reírse un poco.

¡NOS VAMOS DE EXCURSIÓN!

Los centros escolares dentro de su programación anual, contemplan salidas EXTRAESCOLARES,

Como profesora tengo que manifestar que sólo de recordarlo se me pone piel de gallina. Es tanta la responsabilidad que conlleva, que en alguna ocasión dejé de hacerlas. Tenía un alumno con Necesidades Educativas Especiales y 24 niños de tres años más. Los apoyos se contemplan en la ley, pero la realidad es muy diferente.

A la mayoría de los profesores les ocurre lo mismo, pero sucede que hay que realizarlas y contemplarlas en el currículo porque son muy formativas y motivadoras. La lista de actividades es innumerable y depende mucho de la línea pedagógica que contemple el Centro: desde visitas a bibliotecas, museos, fábricas, mercados, conciertos, teatros, granja escuela, hasta día en la nieve o excursiones para conocer una ciudad. Y no puedo olvidarme de los viajes de fin de curso.

Creo que a casi todos los niños les apasiona salir del aula y disfrutar de una actividad más lúdica y sin duda muy enriquecedora y motivadora.

Los padres en ocasiones exigen demasiado al profesorado y se generan unas expectativas muy grandes. No olvidemos que van grupos muy numerosos y que la atención personalizada es imposible.

Desde la familia se puede ayudar a que el resultado sea muy positivo. Entre las sugerencias que los padres pueden hacer a sus hijos, recomiendo:

- Insistir en el comportamiento correcto y educado tanto con el profesorado y personal implicado en la actividad, como con los compañeros.
- Si hay desplazamientos a pie, cumplir estrictamente las señales de tráfico.
- Escuchar atentamente las explicaciones que les hagan.
- Mostrar interés activo y preguntar para obtener el máximo rendimiento y conocimiento.
- No olvidar saludar y agradecer a todas las personas implicadas, desde el conductor del autobús, porteros de los espacios a visitar, como a los guías y los profesores.

Si los padres apoyan y valoran el esfuerzo del profesorado, los hijos se mostrarán más educados y esa será la insignia que diferenciará a unos alumnos de otros.

¡Ánimo que es muy sencillo disfrutar! ¡VAMOS DE EXCURSIÓN!

¡CUIDADO CON LAS REDES SOCIALES!

El uso exagerado de las redes sociales por parte de los niños, preocupa mucho a las familias. Cada vez se conectan a edades más tempranas y el tiempo que los niños pueden estar delante del ordenador, tableta o teléfono está aumentando desmesuradamente.

Ante esta posible epidemia y adicción, los padres verdaderamente responsables y preocupados por el tema, tienen que tomar medidas. Quiero hacer unas reflexiones sobre los beneficios e inconveniente del uso de las diferentes redes sociales:

- Los avances tecnológicos son positivos, pero el mal uso que se da de ellos puede hacer mucho daño sobre todo a los niños que no son conscientes de los peligros.
- Las redes sociales nos conectan con personas de todo el mundo y nos acercan y eso es muy bueno, pero utilizarlas para conectar con las personas que tenemos al lado, está originando serios problemas de aislamiento social.
- El uso continuado de las diferentes redes como WhatsApp, Twiter, Facebook, Instagram… está originando una serie de problemas a nivel de comportamiento, sociales y de salud.
- La inmediatez de información que nos dan las redes e internet, está haciendo que el volumen de datos sea tan exagerado que no dé tiempo a procesarla.
- Las redes sociales distraen y en ocasiones absorben tanto tiempo, que está repercutiendo en problemas de rendimiento escolar.

- La privacidad de las redes es muy positiva para evitar que nos conectemos o que tengan acceso personas no deseadas. Hay que enseñar a los hijos a restringir el acceso y poder evitar problemas tan graves como el acoso.
- Los padres tienen que conocer que existen muchas páginas en internet que son peligrosas para sus hijos y que se pueden bloquear. Siempre hay algún amigo que puede ayudar a resolver este problema si ellos no saben y en caso contrario acudir a una persona experta en informática para que de algunas nociones básicas del uso de las redes.
- Los hijos están muy por encima en cuanto a manejo de todas las redes, por eso es un buen instrumento y una gran ocasión para que sean ellos los que enseñen a los padres y así generar vínculos familiares.
- Un aspecto muy importante es saber poner tiempo a su uso, sobre todo que no interfiera en los horarios de estudio de los más pequeños.
- No utilizar las tabletas y teléfonos como niñeras. Es muy cómodo tener a los niños entretenidos con juegos, que para ellos son muy motivadores, pero no es lo más adecuado. Los padres tienen que procurar que sus hijos jueguen al aire libre, que realicen deporte, que acudan a los parques y se relacionen con otros niños de su edad. Si esto no se realiza, muy pronto las consultas de los psicólogos se llenarán de niños con problemas de adicción.

Desde estas líneas animo a todos los padres que sean responsables en cuanto al manejo de las redes sociales, porque con su ejemplo pueden ayudar mucho a que sus hijos no caigan en los peligros que estas les ofrecen.

ESTUDIO DE IDIOMAS

En estos momentos donde la globalización se impone, hablar idiomas no sólo es necesario, es imprescindible. Siento un poco de pena cuando veo en televisión a políticos de otros países que se manejan en inglés con soltura y en España, excepto alguno, necesitan intérpretes.

Nuestro sistema educativo siempre ha contemplado el estudio de idiomas, quizá ahora con más interés y esfuerzo que nunca, pero sin obtener los resultados necesarios.

¿Qué falla?, ¿son necesarias más horas semanales? La realidad es que se finaliza el bachillerato con mucho estudio de gramática y vocabulario, una aceptable comprensión y expresión escrita, pero con poca soltura a la hora de hablar.

En mi opinión no es un aprendizaje significativo. Cuando un contenido es significativo para la persona que lo estudia, se interioriza fácilmente. En el estudio y práctica de idiomas, para la mayoría de los alumnos se contempla como una obligación. No resulta fácil quizá porque el esfuerzo es mayor que en otras asignaturas.

En estos momentos aprender idiomas es más asequible y motivador que hace unas décadas, pues los programas de estudio son atractivos y se ajustan a todos los gustos y necesidades. Los buenos profesores, utilizan recursos motivadores y de total actualidad para que los alumnos hablen idiomas.

Tenemos al alcance de todos, intercambios con personas de otros países y que, a diferencia de los españoles, no tienen miedo al ridículo. para mí esta es la clave. La persona que se centra en aprender y hablar otra lengua, practica con todas las personas a su alcance sabiendo que el objetivo principal es comunicarse. La perfección será el segundo paso.

Yo animo a los padres a que junto a sus hijos practiquen y aprendan idiomas desde edades muy tempranas, quizá la mejor etapa, porque existen juegos y programas muy buenos.

Los intercambios, incluso por videoconferencia, ayudan a no acostumbrarse siempre a la misma persona. Salir a otros países y estudiar en algún centro completando con la convivencia de los ciudadanos es lo mejor.

No hay que desanimarse ni desistir si los resultados no son tan inmediatos como uno espera. lo más importante es ser tenaz y persistir en el empeño aprendiendo a superar los errores.

Para poder estar a la altura de otros países más desarrollados que el nuestro, tenemos que hablar idiomas: inglés, alemán, francés o chino, este último muy valorado por la repercusión comercial que tiene.

Recuerda, con esfuerzo todos podemos. No desistas.

BARRERAS PARA NIÑOS DISCAPACITADOS

La ley para discapacitados está bien contemplada en el papel, pero no se refleja de la misma forma en la realidad. Existen muchas barreras para las personas con discapacidad, sea esta motórica o sensorial.

Da gusto ir a otros países como Austria y comprobar la accesibilidad que existe para los discapacitados en sillas de ruedas, o ciegos, por ejemplo. Te puedes desplazar en cualquier medio de transporte y acceder a cualquier espacio público. Todo son ayudas: para descender y subir a las aceras, ascensores en todas las estaciones de metro, autobuses adaptados para sillas de ruedas…

Cuando regresas a España el primer inconveniente llega al subir al autobús que sale del aeropuerto. Tienes que conseguirlo como puedas, los escalones insalvables y la ayuda, cero. Este suceso personal me hace reflexionar sobre las dificultades que tienen los niños para moverse cuando sufren un accidente y tienen que acudir al colegio en sillas de ruedas, es decir una discapacidad temporal, porque si se contempla este problema de discapacidad permanente, los padres buscan un centro escolar con todas las adaptaciones y facilidades para ellos, aunque no sea el que quieran.

No todos los colegios, aunque es obligatorio, tienen accesibilidad ni mobiliario adaptado. Las barreras son muy grandes: escalera, baños poco inadecuados, mobiliario de clase inaccesible, comedores sin rampa de acceso y patios con pocos o ningún espacio para ellos.

El tema de la ayuda de personal es impensable, no hay presupuesto…

El problema no está en los centros exclusivamente, está en el acceso a otros servicios como los locales de ocio, a muchos de los cuales tienen que desistir acudir porque no pueden acceder: pabellones, cine, teatro…. existen escasos locales adaptados para las personas con dificultades de movilidad. Ante esta problemática pocas familias protestan, o si lo hacen es cuando les toca de cerca.

He vivido verdaderas luchas en el Consejo Escolar del que formaba parte, por dar curso y solución a la demanda de la instalación de un ascensor en un Centro de Bachillerato para que una alumna con problemas de movilidad en una pierna, pudiera acudir a clase con regularidad. Se consiguió, pero era triste escuchar los comentarios de algunos profesores y personal por parte del ayuntamiento acerca de los incrementos económicos que suponía.

Desde estas líneas animo a los padres que tengan en cuenta que en cualquier momento sus hijos pueden sufrir un accidente y obligarles a hacer uso temporal de sillas de ruedas. Es aconsejable que no esperen a que esto suceda para reivindicar los derechos que todas las personas tenemos a tener una vida digna y confortable.

JUGAR AL AIRE LIBRE

Cuando paseas al lado de un parque infantil de nuestra ciudad o de cualquier pueblo de la provincia y los encuentras vacíos o con apenas unos pocos niños, te hace reflexionar sobre la situación. Cada vez son más los pequeños que pasan casi todo el día encerrados. Comparten el espacio del colegio, de los centros de las actividades escolares, (conservatorio, academias variadas como las de idiomas, danza…) y el de las casas. Son pocos los que tienen la suerte de practicar algún deporte colectivo al aire libre, dos o tres días por semana. En definitiva, la mayoría de los hijos se limitan a jugar la media hora del recreo en el patio del colegio, y las dos clases de educación física del programa, y son muchos los alumnos que ni siquiera se desplazan a pie hasta el colegio, aunque vivan cerca.

El juego y la práctica de deportes es fundamental para:
- El desarrollo físico y el equilibrio mental de los niños.
- El contacto diario con el oxígeno que ayuda a que las células se alimenten correctamente y así se logre un crecimiento óptimo.
- El beneficio del sol para fijar la vitamina D, también es otro de los aspectos positivos.
- Jugar con otro ayuda en la socialización y a la adquisición de valores tan necesarios como: la tolerancia, el respeto, la paciencia, o la cooperación.
- Las destrezas físicas se logran con la práctica y estas benefician la salud y evitan lesiones, dolores musculares, tensiones, contracturas.
- El juego al aire libre es un buen facilitador del sueño y un buen aliado contra el estrés emocional.

Desde estas líneas animo a los padres a que se conciencia de los beneficios de los juegos al aire libre para sus hijos y olviden temores de las condiciones climatológicas. Los países nórdicos tienen las temperaturas mucho más bajas que las nuestras y este tema es prioritario. Los niños no pasan frío, son los adultos al no movernos.

El sedentarismo de nuestros pequeños solo va a aportar enfermedades como la diabetes u obesidad. Así mismo este tiempo que no aprovechan en el exterior y pasan delante de las pantallas, bien sea el ordenador, teléfono, televisión, tableta o cualquier otra tecnología, les va a llevar, dentro de muy poco, a enfermedades mentales y adicciones, difíciles de tratar.

ME GUSTA LA FRUTA.

Algunos colegios a la hora del recreo sugieren a los niños que lleven fruta para comer al menos un día a la semana. La alimentación sana preocupa y mucho, si tenemos en cuenta que el índice de obesidad infantil está en aumento.

El estilo de vida de las familias está cambiando y con ello la manera de cocinar. Los platos preconizados, la bollería y la comida rápida está originando serios trastornos en la salud y los niños son los más perjudicados.

Atrás quedaron los bocadillos de jamón o de tortilla. Resulta más sencillo comprar una pieza de bollería en la tienda de la esquina. Unido a esta práctica está el excesivo consumo de golosinas.

Ante esta situación muchos profesores deciden aportar un grano de arena y sugieren a las familias que al menos un día consuman fruta a la vez que informan de los beneficios para la salud de la dieta mediterránea.

En este tema existe un gran problema y es que muchos padres de niños de educación infantil no saben comer la fruta y pretenden que sean los profesores los que enseñen a los escolares. Enseñar a comer e introducir los alimentos desde pequeños es una tarea de la familia.

No se pueden trasladar esas responsabilidades a los colegios y cuidadores de comedor. Es muy sencillo pasar esa tarea, pero eso no ayuda a criar unos hijos responsables e independientes.

LOS NIÑOS Y EL DENTISTA

La mayoría de los padres cuando se acerca el momento de llevar a los hijos a la revisión odontológica se ponen muy nerviosos. Todos sabemos que no es un momento de placer, pero es necesario para la salud bucal de los hijos.

Afortunadamente ya existen odontólogos muy preparados para tratar a los niños. Profesionales con mucha psicología y con una alta capacidad para empatizar con ellos.

Las consultas se están reformando y adaptándose, como sucede con las de los pediatras. En estos espacios existen juegos, televisores y una decoración motivadora y que transforman las frías salas de espera de algunos doctores, en espacios de juego y entretenimiento, que anima a volver.

Los problemas bucales de los niños se pueden prevenir con unas revisiones y si se siguen algunos consejos se podrían solucionar muchas caries, desviaciones dentales y aparatos rectificadores, que cada día son más comunes.

Desde bebés los padres tienen que conocer algunos aspectos básicos para prevenir futuras complicaciones:

- Hacer un buen uso de los chupetes y biberones, sobre todo no pasarse en el tiempo de utilización, porque deforman el paladar y crea adicción y apego.
- Cuando aparecen los dientes facilitarles alimentos que pueden morder e ir sustituyendo poco a poco las papillas y purés por comidas troceadas. Es un período lento y sacrificado donde los padres tienen que ser pacientes y no dejarse llevar por el impulso y la rapidez que aporta un biberón. Hay niños que, con

tres años, no saben ingerir alimentos sólidos y esto arrastra problemas en la boca y en el lenguaje.

- Evitar el consumo de golosinas por la aparición de caries.
- Enseñar y acostumbrar a los pequeños unos buenos hábitos de higiene bucal, sobre todo siendo el mejor modelo para los hijos. Cuando comienzan a lavarse los dientes, es necesario una buena explicación y ayudarles en la práctica para que poco a poco sean autónomos.
- Evitar implantar la imagen del dentista como un médico que hace daño y produce dolor. En la mayoría de los casos los niños que tienen pánico a acudir al dentista, está propiciado por el miedo de los padres.
- Seguir las orientaciones de los dentistas, pero en ocasiones existe un abuso de algunas terapias o correcciones que son un gran negocio. En caso de duda consultar con varios especialistas antes de tomar decisiones.

Desde estas líneas aconsejaos a todas las familias que acudan a las revisiones odontológicas, ya que una boca enferma puede implicar más enfermedades.

¡Siempre es mejor prevenir que curar!

COLEGIO PÚBLICO, CONCERTADO O PRIVADO.

Dentro de muy poco tiempo las familias que buscan centro para sus hijos tendrán que elegir entre la diversidad de colegios existentes: público, concertado o privado. La elección de Centro es importantísima. Es necesario tener muy claro qué valores y qué ideario existe tanto en la familia como el centro.

Que el padre y la madre estén de acuerdo es muy beneficioso para el futuro de sus hijos. Antes de tomar una decisión sería muy bueno considerar algunas sugerencias:

- Visita de puertas abiertas a diferentes colegios.
- Entrevistas con el Equipo Directivo para obtener la máxima información.
- Solicitar y estudiar el ideario y el Proyecto de Centro.
- Conocer las ventajas de las instalaciones y servicios de apoyo en caso de necesitar adaptaciones curriculares para sus hijos.

Muchas familias eligen el centro por recomendaciones de amigos o familiares o quizá por cercanía. Hay que valorar las ventajas y desventajas antes de decidirse.

El periodo escolar es fundamental en tanto que influye en la personalidad y desarrollo de los hijos.

Muchos padres ante problemas con el centro toman habitualmente dos posiciones: por un lado, huir del problema y cambiar al estudiante de centro o bien aguantar o incluso enfrentarse.

La gran variedad de centros en muchas ocasiones genera conflictos entre padres e hijos. Los progenitores siempre quieren lo mejor, pero pueden equivocarse y entonces rectificar es la salida más idónea.

Creo que acudir a uno público, concertado o privado es importante, pero es en el seno de la familia donde se fragua el mayor peso de la educación, de la transmisión de valores. Los padres son la mejor guía de sus hijos. Si además existe coherencia con la manera de proceder de los profesores, el éxito está asegurado.

EDUCAR EN IGUALDAD

Según la Constitución todos somos iguales ante la ley, sin distinción de sexo, raza, clase social o religión, pero la realidad es que existen demasiadas discriminaciones. La tradición de siglos tiene un peso muy considerable y no se puede cambiar con la facilidad que quisiéramos.

En los programas educativos y en todas las leyes que van apareciendo se contemplan estos temas. Los gobiernos presentan programas que los abarcan, pero el panorama social es triste al contemplar tantas injusticias y tantos derechos violados. Desde el ámbito familiar y educativo se puede colaborar a que se cumplan los derechos de igualdad.

Dentro de la familia hay que ser conscientes del tema y actuar ante los diferentes miembros, padres, hijos y otros familiares, con coherencia. No se puede imponer a los hijos lo que los padres no cumplen. Algunas sugerencias para mejorar pueden ser:

- Tratar a hijos e hijas de la misma manera, que colaboren por igual en las tareas del hogar. Los mejores modelos deben de ser los padres.
- A la hora de elegir juguetes, evitar la discriminación sexista: muñecos para niñas, coches para niños.
- Desde bebés se estigmatiza mucho la diferenciación con la utilización de colores: rosa y azul.
- Ofrecer a los hijos libros, películas y documentales, que les den la oportunidad de conocer otras razas, otras costumbres, diferentes religiones, otras culturas y debatir en familia.
- Intentar convivir con niños de otros países que están en las aulas, invitarles a fiestas de cumpleaños, excursiones, jugar en el parque…

- Acudir a campamentos con niños con discapacidades y realizar tareas de cooperación.
- Participar en la medida de lo posible en campañas solidarias.
- Cuando se viaja a otros países por vacaciones, intercambios o cualquier otra razón, insertarse y convivir con la población, conocer de la mano de los habitantes las costumbres.

Estas son algunas sugerencias que hacen que los hijos mantengan una actitud más abierta al tema de la igualdad, tan difícil de conseguir.

Por parte de los centros educativos y desde los programas municipales, se deben hacer campañas de concienciación que ayuden poco a poco a cambiar este mundo cargado de desigualdades.

Desde estas líneas animo a los padres a que sean el faro que ilumine a sus hijos para que se logre este objetivo tan necesario en nuestra sociedad.

LA DEPRESIÓN INFANTIL

Un tema que va en aumento y preocupa a muchas familias por las consecuencias que tiene para los hijos. Muchas personas piensan que la depresión se da sólo en adultos, pero cada día se descubren más y más casos en niños y adolescentes, incluso algunos con terribles consecuencias como puede ser el suicidio.

Los padres tienen que estar muy atentos a los cambios que sus hijos pueden manifestar en un momento dado y que sin duda son los indicadores de la enfermedad:

- Tristeza permanente y por largo tiempo.
- Desgana y falta de motivación por actividades lúdicas.
- Falta de comunicación verbal, negarse a comunicar emociones.
- Lenguaje corporal: Hombros y brazos caídos, falta de expresión en la cara, movimientos lentos…
- Llanto fácil.
- Aislamiento en la habitación: No quieren relacionarse ni con adultos ni con amigos de su edad.
- Falta de apetito o, por el contrario, ansiedad y comida en exceso.

Estas son sin duda algunas de las señales que los niños pueden mostrar por eso los padres tienen que estar muy atentos y evaluar y contrastar con personas del entorno para hacer una recogida de información lo suficientemente amplia para comunicársela a los especialistas. El primero tiene que ser el pediatra y él determinará la conveniencia o no de acudir a un psicólogo o psiquiatra.

Por otro lado, hay que conocer si en el ámbito familiar y escolar existen problemas que puedan estar influyendo en

126

la depresión de los niños. Aunque los adultos no lo crean la problemática familiar puede ser el arranque de la depresión infantil. Algunas de las causas se podrían resumir en:

- Discusiones, peleas y en último término, separación y divorcio de los padres. Los hijos pueden sentir sentimiento de culpa y creer que ellos son la causa de la separación.
- Problemas escolares: conflictos con los profesores, descenso en el rendimiento escolar, miedo a los exámenes y a las calificaciones, pero sobre todo a la reacción de los padres.
- Acoso escolar…
- Problemas hormonales, sobre todo en la adolescencia, tendencias sexuales, identificación sexual confusa, falta de comprensión en el grupo de amigos, desvalorización, radicalización por parte del grupo, o falta de aceptación.
- Muerte de un familiar o amistad, con incapacidad de superar el duelo.
- Traslado de domicilio y de grupo de amigos.
- Efectos secundarios de algunas medicinas.

Estas son algunas de las causas, pero sin duda cada individuo es único y como tal tiene que estar considerado y tratado.

Desde estas líneas animamos a todos los padres a que estén en alerta y con la máxima atención hacia sus hijos y a sus cambios de conducta para acudir lo antes posible a los especialistas y se proporcione el apoyo para evitar males mayores.

EXÁMENES FINALES

Comienza la época de exámenes finales, reválidas y selectividad. Padres e hijos sufren los nervios y el estrés que supone someterse a estas pruebas, pero también los profesores que llegan a estas alturas de curso cansados y superados de papeleo en la mayoría de los casos para que queden almacenados en un cajón de la administración.

Desde la familia se puede ayudar a los hijos para que superen esta dura etapa. Lo importante es intentar mantener la calma y no generar más tensión.

Para lograr el éxito en los exámenes hay que tener una buena preparación, no sirve de nada estudiar mucho los últimos días. Desde principio de curso se tienen que adquirir hábitos de estudio diarios. Los padres desde el comienzo tienen que estar muy atentos para que estos hábitos no se olviden.

Algunas consideraciones importantes para ayudar a los hijos en esta época:

- Controlar las horas de sueño necesarias. Está demostrado que los alumnos que no duermen lo suficiente no rinden adecuadamente el día de los exámenes.
- Vigilar y cuidar la dieta. Es preferible cinco comidas ligeras que tres copiosas, de esa manera la digestión será menos pesada. Tomar zumos y frutas para aportar energía rápidamente al cerebro. En los hijos más mayores, controlar la cantidad de cafeína, que puede llegar a producir adicción y exceso de nervios.
- Generar un buen ambiente de estudio en casa sin ruidos. Que los estudiantes tengan su propio espacio, con buena iluminación y ventilación.

- Con los hijos más pequeños retirarles en las horas de estudio todos los aparatos que distraigan su atención como son los teléfonos móviles, máquinas de video juegos, televisión y aparatos de música, aunque a algunos estudiantes estudiar con música clásica les ayuda a relajarse y a concentrarse.
- Comprobar que cuando se sientan a estudiar, tienen todo lo necesario y así no tienen levantarse cada quince minutos consiguiendo que la concentración se esfume, pero también es importante que cada cuarenta cinco minutos o una hora, se realice una pequeña pausa para estirar el cuerpo y calmar la mente.

Los niños que aprenden buenas técnicas de estudio a lo largo del curso y estudian todos los días, cuando llega esta época, sólo tienen que hacer un pequeño esfuerzo. Los que dejan el estudio para el final, se agobian y amargan a los padres. Atribuyen su fracaso a otras personas sobre todo a los profesores.

Las familias tienen que asumir los suspensos de los hijos cuando estos no han realizado una buena práctica de estudio a lo largo del curso. Lo más fácil es culpar de los suspensos a los profesores, pero hay que asumir las consecuencias y no llevarse las manos a la cabeza. Enfrentarse con el profesorado generará mucha tensión que no beneficia a los hijos.

Cuando llegue la hora de recoger las calificaciones, si los resultados no son los esperados, es bueno hacer una buena crítica entre todos los interesados y conseguir de los hijos un compromiso de modificación a la hora de estudiar.

Los suspensos nunca tienen que suponer una catástrofe, más bien una nueva oportunidad para que los hijos crezcan y maduren.

TRABAJAR DESDE CASA: ALTERNATIVA A LA CONCILIACIÓN FAMILIAR

España es uno de los países de la Unión Europea con menor número de nacimientos y una población de tercera edad que va en aumento. Todos escuchamos que estamos envejeciendo a pasos agigantados y que, si seguimos así, no habrá trabajadores que cubran el coste de las pensiones.

Las familias están muy preocupadas ante este panorama social y no obtienen respuestas en las políticas sociales.

Cuando conoces otros países vecinos, puedes observar cómo se mima y se premia la natalidad, no con un cheque bebé, que apenas da para los gastos de los primeros meses, más bien con programas sociales que incentiva a que uno de los dos progenitores se quede en casa al cuidado de los hijos durante los primeros años, en algunos casos puede llegar a los tres o cuatro.

Existe una conciencia en la población, de regeneración generacional. En España estamos muy lejos de alcanzar estos objetivos, sí hemos logrado que algunos colectivos puedan acceder a una reducción de jornada con su correspondiente reducción de sueldo, o una adaptación al horario para poder llevar y recoger a los hijos en el colegio, pero quedan muchos sectores, la mayoría, a los que no se les permite este tipo de "LUJOS", como dicen algunos empresarios.

Ante este mapa social, desde esta sección proponemos una reflexión a una alternativa, a esta tan deseada conciliación familiar: El trabajo desde casa.

Si hemos avanzado tanto en nuevas tecnologías, es una buena herramienta para poder aplicarla a muchas profesiones que se puedan desempeñar desde el domicilio, bien a tiempo completo o bien a tiempo parcial pudiendo compaginar los horarios con los de los hijos.

Algunas empresas ante la pérdida de grandes profesionales que desean ser madres y quieren criar a sus hijos, optan por ofrecerles trabajar desde casa y desplazarse puntualmente a la empresa.

Las ventajas que nos ofrece internet, las redes sociales, los programas informáticos y las video conferencias, hacen posible que muchas personas incluso puedan emprender su propio negocio sin moverse de su casa o si lo hacen es ocasionalmente.

Nuestros hijos han nacido en la era de la tecnología y no tenemos más que observarles para darnos cuenta de los servicios que utilizan con un solo aparato: el SMART PHONE.

Sí estamos en un tiempo de cambio, adaptemos algunas profesiones para que puedan realizarse sin privarse de la oportunidad de tener hijos.

Sería incontable el número de actividades laborales, que hoy por hoy se pueden realizar en cualquier parte, pero como ejemplo podemos nombrar algunas para que sirva de estímulo y motivación a muchos jóvenes que quieren emprender una vida familiar y disfrutar de ella, desde periodistas, profesores "on line", abogados, departamentos de recursos humanos, marketing, tiendas "on line", proyectos de todo tipo, programadores, asesorías contables, fiscales, laborales, de calidad hasta diseñadores o arquitectos, son una pequeña muestra de actividades que se adaptan bien a la conciliación laboral y que cada día más empresas se nutre de estos colectivos para realizar su actividad empresarial.

Entre los beneficios para la empresa podemos señalar la disminución de costes de instalaciones, de consumo de energía y de medios y como la mayoría de los contratos suelen ser por objetivos, la productividad es mayor.

Los empleados se ahorran mucho tiempo en desplazamientos y al poder organizar su horario el trabajador está más relajado y aumenta su rendimiento, confirmando que las jornadas laborales muy largas, no son la mejor opción para que la empresa obtenga mejores resultados.

Si vivimos en una sociedad de cambios, cambiemos nuestro estilo de vida laboral y familiar para lograr una mejora en nuestra economía.

ESTUDIAR FUERA DE CASA

Muchas familias se encuentran con el momento en el que los hijos se van a estudiar transitoriamente fuera, algunos a otra ciudad y otros al extranjero. Cuando llega ese momento, son muchos los miedos y preocupaciones. Siempre se piensa que no están preparados para ser independientes y valerse por si mismos. En el hogar disfrutan de una vida confortable y un respaldo que dejan paso a otro estilo de vida que le ofrecerá libertad de actuación y de responsabilidad. De cómo se eduque a los hijos, esta etapa será muy fructífera o por el contrario, un desastre.

Algunos consejos para conseguir una transición positiva pueden ser:

- Actuar con confianza al conocer que los hijos realizarán las cosas que normalmente no realizan en casa porque lo hacen los padres.
- Confiar en que sabrán organizarse y responder a los retos y dificultades. cotidianas, que la vida les va a presentar y que antes ni sabían que existían.
- Transmitirles seguridad y decirles que están preparados para esa nueva etapa.
- Recordarles que la salida de casa es para estudiar y su objetivo es superar el curso de la manera más brillante. Pasarlo bien no está reñido con el estudio.
- Hacerles responsables del desembolso que supone estudiar fuera de casa y de cómo se organicen económicamente, puede ayudar o no, a que sigan estudiando. El esfuerzo es una obligación.

- Recordarles que en adelante serán responsable de sus actos y de su libertad ya no estarán bajo el amparo de papá y mamá.
- Transmitirles que siempre serán sus padres y que pueden contar con ellos cuando lo necesiten, pero que esa nueva etapa les va a ayudar a madurar y a enfrentarse a la vida y la tienen que vivir ellos mismos.

En España los hijos se independizan muy tarde en comparación con otros países y en parte es porque los padres son más protectores. Lo importante es enseñarles a madurar y dejar que aprendan de sus propios errores, en definitiva, dejarles volar.

EL PERFUME DE UNA FLOR MARCHITADA

DEDICATORIA

A mis padres: Perpetuo y Eladia, por enseñarme que el verdadero perfume de la vida se queda impregnado en las experiencias y enseñanzas de cada día y que el aroma que lo caracteriza es el AMOR.

A Eliseo y Mari, abuelos de Miguel, por el cariño y dedicación que siempre le han ofrecido.

A mis hermanos: Eugenio, María Jesús, Dori, Gilber y Antonio por ser la luz y la estela que ha marcado el camino de mi vida.

PRÓLOGO

Mi gran amiga, Natividad Cabezas, me ha pedido que le prologue su libro. Para mí es un honor dedicar unas letras a tan notable maestra, psicopedagoga y escritora.

Ella sabe de mi unión con mi esposa y me ha sugerido que escriba en relación con la enfermedad que padece: el ALZHÉIMER, la pandemia del siglo XXI, el OLVIDO SIN DOLOR. Yo, que sufro el DOLOR SIN OLVIDO.

Aquí tenéis lo que, llorando, me ha salido del alma.

MI BESO

Va a llegar el Año Nuevo.

Durante muchos, muchísimos, al oírse las campanadas, era para ti mi primer beso, y para mí era el tuyo.

¡Cincuenta veces lo hicimos!

¡Bueno, no! ¡Porque en los últimos tiempos, tu enfermedad, el alzhéimer, me lo robó!

¡Pero a ti, no! ¡Mantuve mi primer beso para ti, ahora en tu frente dormida!

Pero este año, ¡ay!, ¡ya no vives en tu hogar! ¡Ya no calientas tu cama!

Mi beso... ¿te llegará? ¿O se lo llevará el viento?

¡Se lo daré a nuestra almohada, húmeda con mi llanto!

¿Besará tu frente un ángel, mensajero de mi amor?

Así lo quiero creer. Porque sin esperanza, sin fe, sin AMOR, ¡para qué sirve vivir!

Emiliano Jiménez
(diciembre 2016)

INTRODUCCIÓN

Las líneas que escribo a continuación son un brote que me sale del corazón y que quiero dedicar a mis padres por darme una vida tan llena de dones y valores y que de alguna manera han contribuido a ser lo que en estos momentos soy; una mujer afortunada y bendecida con una hermosa familia.

En estos momentos el tema que voy a tocar le llega de una forma muy directa a muchas personas. A mí me preocupa desde hace tiempo.

En una ocasión ofrecí una conferencia con el tema: La Madurez de la Mujer y la Esencia del Ser. Ser niña, adolescente, joven, madura y anciana, pero también; hija, novia, esposa, madre y abuela. Yo ya he pasado por muchas de ellas, me queda la de anciana y abuela.

Nacemos en una familia, la que nos toca y aprendemos a vivir esas etapas. En mi caso, he podido aprender de mis abuelos, padres y hermanos; ya algunos son abuelos y su pasión por sus nietos y nietas me llena de satisfacción. Poco a poco el árbol familiar va llenándose de ramas de las que penden hojas y savia nueva. Mis sobrinos van siendo padres y sus hijos, los bisnietos de mi madre, son la alegría de la casa, pero ya las ramas se van diversificando y formando su propia familia.

Es la ley de la naturaleza, como lo es dejar paso a la muerte de los seres queridos, abuelos, padres y tíos. Son momentos duros para los que nadie nos prepara y por la que todos pasamos cada uno como puede. El dolor se supera con EL PERFUME DE ESA FLOR MARCHITADA. El recuerdo de los seres queridos se queda grabado en nuestros corazones, como su perfume queda en nuestra piel. Lugares, espacios, objetos, forman parte de nosotros, pero lo más importante es el recuerdo de todas las experiencias vividas juntos. Sus sabias palabras, sus consejos, sus buenas acciones. Las personas queridas no mueren nunca, porque su esencia se queda circulando por la sangre, regando nuestro cuerpo y dándonos fuerza; somos su herencia y como buenos herederos tenemos la obligación de honrar su memoria con los hijos siendo los mejores padres, para que se sientan orgullosos de nosotros y cuando ya no estemos, les quede nuestro perfume impregnado en cada poro de su piel.

Envejecemos si creemos que somos viejos. Hay muchos jóvenes, con espíritu viejo y muchos ancianos, jóvenes. Por eso este libro está dirigido a las personas que tengan ilusión, a pesar de las dificultades, a las personas que, a pesar de los años del carnet de identidad, se sientan jóvenes por dentro y a los que esparcen su perfume, aunque sea añejo, por donde pasan.

MADURAR CON DIGNIDAD

Apenas si te das cuenta, entras en la edad madura, la edad en la que comienzas a pensar más en ti. Cuando los hijos son pequeños no tienes tiempo para nada. Toda gira entorno a sus actividades: colegio, deportes, entrevista con los profesores, fiestas de Navidad, disfraces de carnaval, mil y un cumpleaños de amigos y amigas, preparar sus regalos, juegos en casa de otros amigos, en fin, y no digamos las actividades extraescolares que podríamos llamarlas extra temporales porque ya no hay tiempo para más.

Pasa esa etapa en la que los niños aún dependen de los padres, nos parece que no va a terminar nunca y ¡zas! en un abrir y cerrar de ojos ya tienen barba y pechos. Se hicieron mayores sin darnos cuenta. Otra dura etapa cargada de tensiones, discusiones por la ropa, por el pelo, por la habitación, por el teléfono, por las chicas, por los chicos, por las salidas nocturnas, por el tabaco, por el alcohol y sobre todo por los estudios, pero, se pasa sin enterarte y te encuentras de repente un día con el nido vacío. Vuelan de nuestro lado sin poder retenerles, porque si lo haces atrofiarás sus alas y nunca aprenderán a volar. Tienes que confiar en que, cuando inicien ese vuelo ellos solos, sabrán mantenerse, aunque suban y bajen, pero llegarán a su destino y construirán su propio nido con hilos de amor, de paciencia, de alegría y ternura como nosotros les hemos enseñado y sin apenas enterarnos un día llegan de la mano de sus hijitos, que son nuestros nietos y el gran nido se vuelve a llenar de risas, de amor y de alegría.

Así es la vida y hay que dejar que transcurra en paz.

Aprender a madurar y aceptar el paso del tiempo no es tarea fácil, pero existen personas que nos sirven de modelo y de las que cada día podemos recoger sus frutos y alimentarnos.

Cuando pasamos los cincuenta y nos asomamos al espejo, descubrimos nuestras canas, los kilos que redondean nuestro cuerpo, la piel más arrugada y las patas de gallo, pensamos que está llegando la tan temida edad madura. Pues desde estas líneas quiero hacer una defensa por esta maravillosa etapa en la que todo lo anterior ocurre, pero si se lleva con dignidad nos engrandecerá. Esa fase en la que podemos aportar al entorno nuestra experiencia, desde la calma, desde el conocimiento de lo que es importante y lo que no.

En ella aprendemos a disfrutar más del tiempo, porque vemos como las personas mayores que están a nuestro lado comienzan a partir. Disfrutas de cada minuto, cada día y valoras a los que te aman de verdad. Identificas mejor a las personas que te envidian y te intentan hacer insoportable el día a día y a los que un día de repente les dejas de prestar atención porque no mereces que te roben la energía, ya que la necesitas para alguien más importante; tu misma.

Con la madurez comienzas a ser capaz de controlar y equilibrar pensamientos y voluntad. Es el momento de sacar a la luz los proyectos que llevabas dentro y que nunca tenías tiempo para realizarlos. Sacas tus habilidades y comienzas a cumplir tus metas, a pesar de las dificultades, pero a las que añades paciencia y perseverancia y, ¡zas!, lo logras.

Es este tiempo en el que afrontas los disgustos, peleas, discusiones, frustraciones y derrotas sin ninguna queja, más bien con la mejor de las sonrisas y diciendo: ¡Qué más da, pronto pasará! porque ya no te importan tantas banalidades, te importa lo auténtico. La confianza en ti misma para superar los obstáculos, ya no temes las heridas porque te hacen más fuerte, ni a las lágrimas porque limpian tu alma. Sientes que tu desarrollo físico y sexual está completo y que empatizas con tu pareja. Has aprendido a entender al otro sólo con la mirada, no hacen falta las palabras inútiles. Las utilizas para hablar con sabiduría. Descubres que un beso o una caricia tiene más valor que una noche de amor.

En la etapa de la madurez adquieres unos hábitos que son la clave del progreso personal. Te cuidas más porque quieres llegar a la vejez, cultivas las amistades porque necesitas tiempo para compartir, para llorar, para reír y para disfrutar de todas las pequeñas cosas entorno a una taza de café. Ya no te importa tanto lo que dirán de ti porque estás en ese momento en el que cada segundo de tu vida es para vivirlo y no para desperdiciarlo en chismes y cotilleos.

Aprendes a adaptarte a los cambios y te ves bella por dentro y por fuera. Tu cara refleja la paz, la tranquilidad y el equilibrio que has alcanzado en tu interior. Cada arruga de la cara es un recuerdo de momentos de risa y de fatiga, pero no te importa porque no tienes tiempo para compadecerte, quieres hacer aún tantas cosas que el físico pasa a un segundo plano.

El cerebro en la madurez es el motor que te impulsa a atreverte con todo sin miedo al ridículo: perfeccionas idiomas, informática, tomas clases de baile, de yoga, o vas al gimnasio, te apuntas a una biblioteca o retomas estudios en la Universidad, quieres seguir cultivándote y alimentando el deseo de aprender, de mantener las neuronas en buen estado.

EL CUIDADO DE NUESTROS MAYORES

Así es la madurez, esa etapa en la que el cuidado de tus hijos deja paso al de tus padres. Esas personas que te han dado todo y que cuando envejecen se vuelven otra vez como niños; caprichosos, sensibles y testarudos, pero con la mirada cargada de ternura y de amor por los hijos.

¡Cómo ha cambiado el cuidado de los mayores! La sociedad ha tenido que adaptarse al nuevo estilo de vida. En la época de mis abuelos, como la mayoría, las madres no trabajaban fuera de casa, eran ellas las encargadas de cuidar a los abuelos en el hogar; pero ahora no es fácil, como no lo es el de los hijos y conciliar la vida familiar y laboral. Hoy muchas familias tienen que dejar a sus mayores en residencias de día o permanente.

Cuando llega ese momento en el que ves a tus padres ancianos, con achaques, sin ganas de vivir o, por el contrario, con muchas ganas, pero sin darse cuenta de que se han hecho mayores y que van necesitando ayuda de los hijos o de otra persona, te preguntas: ¿qué podemos hacer? Se vuelven inflexibles y se niegan a aceptar la realidad. En muchos hogares surgen discusiones y los diferentes criterios de cada miembro llevan a situaciones desagradables para los padres, pero también para los hijos.

Los que tienen la suerte de poder ser atendidos en sus propias casas, siguen con sus rutinas, sus objetos personales y su cama, pero cuando la opción es acudir a una residencia, en la mayoría de los casos, sufren una crisis de adaptación no solamente para el anciano, también para el resto de la familia: hijos y nietos. Todos sufren con dolor y las visitas se hacen difíciles por ambas partes, sobre todo en el momento de las despedidas.

Nuestra sociedad ha recibido un cambio tan rápido que a muchos de nosotros nos ha pillado sin preparar. Como educadora creo que se debería de incluir en los programas educativos contenidos que enseñen a afrontar esta difícil etapa, para que nuestros hijos conozcan mejor cómo actuar.

Gracias a los avances médicos hemos añadido muchos años a la vida; la esperanza de vida es muy larga, afortunadamente, pero no se ha dado vida a los años. Han surgido enfermedades tan duras de soportar, que afecta a todos los componentes de la familia. El equilibrio se rompe. Circunstancias que nos llenan de dolor, de impotencia, en algunos momentos hasta de rabia. La culpabilidad se pega a la piel como una lapa y no sabes afrontar el día a día. Escuchas alrededor opiniones de todo tipo, como: si los padres están en sus casas, que no están bien cuidados y si están en la residencia, ¡qué pena, con los hijos que tienen y ellos están ahí!

Creo que todos lo hacen lo mejor que saben con las condiciones que poseen en cada momento y no debemos de juzgar a nadie porque no sabemos qué haremos cada uno de nosotros cuando nos llegue ese momento.

Lo que sí es cierto es que el tema de la tercera edad preocupa y mucho a toda la sociedad.

Los geriatras y cuidadores se preparan, pero no alcanzan a atender a la gran demanda que en estos momentos existe. Desde hace unos años, las residencias de mayores se han convertido en un negocio rentable, como lo fueron las guarderías, pero realmente me pregunto si todas están bien adaptadas y dan la respuesta que nuestros mayores necesitan.

Por suerte o por desgracia, no lo sé, he visitado a algunos ancianos en diferentes residencias y he llegado a la conclusión de que es como los centros escolares. Tienes que saber dónde dejas a tus familiares y con quien. En algunas, los espacios comunes y dormitorios parecen un hotel, pero les falta el calor humano. Antes de tomar una decisión tan fundamental para la familia, se debería conocer ampliamente detalles tan importantes como: Si los trabajadores y directivos tienen la preparación adecuada, si existe servicio médico, fisioterapia, psicólogo y sacerdote. No es fácil trabajar con personas de tercera edad, es duro, pero quien se dedique a ello tiene que ser por vocación, no por un sueldo.

Cuando nuestros mayores llegan a la última etapa de su vida tienen el derecho de vivirla dignamente, con el respeto y el cariño que merecen.

He podido contemplar de primera mano, como algunas cuidadoras les hablan a los ancianos como si fueran niños, y esto a muchos les molesta. Ser cariñoso con ellos no es tratarlos como tontos. Ellos saben que no son niños. Por el contrario, existe un gran colectivo de grandes profesionales preparados que afrontan esta tarea con el máximo respeto y profesionalidad. A todos ellos mi reconocimiento desde estas páginas.

A las personas que acuden a los domicilios para cuidar de los mayores les quiero dedicar unas líneas porque hacen una gran labor. Tienen que aguantar muchas manías y no siempre es fácil, pero deben saber que una persona mayor agradece mucho un rato de compañía y charla, porque la soledad es inmensa. Hay quien piensa que con limpiar su casa y hacerle la comida ya han cumplido hasta el día siguiente, pero ofrecer cariño cuesta muy poco y cura más que las medicinas.

LA SABIDURIA DE LOS MAYORES

Tengo la suerte de contar con amigos y amigas MAYORES, si, con mayúsculas porque son grandes. Son personas que muchas de ellas han pasado los setenta y que aportan a la sociedad su sabiduría desde el peso que dan los años, desde la reflexión pausada del que ya no tiene que demostrar nada. A todas esas personas mi agradecimiento porque nos enseñan que, aunque el cuerpo se ralentice, su mente es más ágil, sus conocimientos están más claros y cuentan con el aval de la experiencia. Sus consejos y enseñanzas ayudan a sus hijos, los que en ocasiones siguen con su mismo negocio, o a las personas que tienen cerca.

Es muy triste que la sociedad no sepa valorar este gran potencial humano. Algunos jóvenes altivos y orgullosos desechan los consejos de los mayores y les llaman: "carcas, viejos, cutres…"; no tienen ni idea de lo que se pierden. Personalmente he aprendido mucho de las personas de cierta edad que han pasado o están entre mi círculo de amistades o familiares. Ellos me han enseñado a tener calma, a objetivar muchas circunstancias, a valorar lo que realmente tiene valor y no perder el tiempo en peleas que no llegan a ninguna parte, a ampliar conocimientos sólo con escuchar sus discursos y consejos sabios. Son como un gran baúl cargado de tesoros y que la mayoría los regalan, pero en ocasiones no son valorados. Son esa gran enciclopedia a la que no se puede acceder con un clic, como la del ordenador, por suerte hay que acceder desde el cariño, el agradecimiento y el respeto que merecen. Estas personas que un día les condecoraron en sus trabajos, están ahí a nuestro lado, sin apenas destacar porque ya sus cuerpos están cansados, pero su corazón y su cerebro siguen activos, son los motores que se alimentan con la motivación y transmiten la ilusión con más ahínco que nunca.

Los mayores transmiten a sus hijos y nietos, sus experiencias, narran una y mil veces sus batallas de jóvenes, repiten refranes que encierran mil enseñanzas. Abren bien sus ojos, sus ventanas a veces ya un poco empañadas, para dejar pasar el aire y la música de sus jóvenes; hijos y nietos que son el único alimento que ya necesitan. Una visita, una llamada, una caricia, una sonrisa y un millón de besos de sus seres queridos es suficiente para afrontar el final, que todos presienten, pero que nadie verbaliza.

¡Honremos a nuestros mayores con el amor y el respeto que merecen! Guardemos el perfume de sus vidas marchitadas, en el frasco más hermoso que existe: ¡NUESTRO CORAZÓN!

COLABORACIONES

AGRADECIMIENTO

El proyecto de este libro se ha logrado gracias a la colaboración de muchas personas. Sin ella, no sería lo mismo. He querido que fuera así porque los temas tratados en sus páginas llegan a un gran grupo de población.

Ha sido maravilloso comprobar que cuando he solicitado su ayuda, todas han respondido con ilusión y muchas ganas de contribuir a que este sueño solidario llegue a buen fin. Sin duda que el éxito ya está asegurado porque unir nuestro espíritu solidario, nuestra ilusión y la entrega incondicional al bienestar de los demás sin esperar nada a cambio, ya es en sí un gran regalo

A los niños con sus dibujos, a los amigos de Miguel, a mis hermanas, sobrinos y sobrinas, amigos y amigas de todas las edades, GRACIAS, por dar lo mejor que tenéis dentro: vuestro gran corazón.

Lo *importante de la vida es saber vivir en cada momento la edad que tengas procurando hacer aquello que te aporte paz interior y felicidad.*

En cada etapa de la vida uno aprende o enseña según como nos han educado, hemos aprendido, hemos enseñado hemos luchado y hemos decidido.

Mis padres, dentro de sus posibilidades y teniendo en cuenta que por aquella época había mucho analfabetismo, nos enseñaron desde muy niñas a querer, respetar, ser honradas y a trabajar. Nos transmitían lo que para ellos era básico y fundamental para ser alguien en la vida.

Con estos valores fundamentales, unido a lo aprendido en el colegio o escuela,) por entonces los valores espirituales) una va forjando su propia personalidad y criterio ante la vida. A partir de ahí comienzas a tomar tus propias decisiones, a veces acertadas, otras equivocadas.

El paso del tiempo te va marcando la línea a seguir en cada momento. De pronto te casas y aprendes a ser esposa. Tienes hijos y aprendes a ser madre, tienes nietos y aprendes a ser abuela. ¿Alguien enseña todas estas complicadas pero maravillosas asignaturas? Yo no conozco ninguna Escuela o Universidad donde te den este título. Tu tomas en cada momento de la vida tus propias decisiones y eres responsable única de cada una de ellas.

En 1988 tras la muerte de mi madre enferma de Alzheimer, tomo la decisión de crear la primera Asociación en España de Familiares de Enfermos de Alzheimer cuyo primer objetivo es informar de una enfermedad completamente desconocida tanto en España como fuera de ella. El segundo objetivo es buscar recursos para poder atender las necesidades

155

del enfermo y la familia. Después de 30 años de existencia el resultado final es sobradamente conocido tanto en España como en el Mundo. No ha sido fácil ni lo sigue siendo, pero fue una decisión en mi vida que asumo y de la que me responsabilizo porque me da paz y felicidad pese a las innumerables preocupaciones.

En estas tres etapas de mi vida, aún me queda una muy importante que afrontar y espero que no me sea difícil, y esta es la de aprender a envejecer. ¿Alguien me lo puede enseñar? Creo que partiendo de mis valores fundamentales, basados en el amor, el respeto, la honradez, el trabajo y la generosidad, envejeceré sabiendo que como estos valores los he trasmitido a mucha gente, pero sobre todo a mis hijas y mis nietos, siempre tendré a mi lado a alguien que me quiera y me ayude hasta el final.

MAGDALENA HERNÁNDEZ MEDIERO.

PRESIDENTA DE AFA (ASOCIACIÓN DE FAMILIARES DE ALZHEIMER DE SALAMANCA)

LA FAMILIA FELIZ.

Nuestra casa se iba quedando vacía, poco a poco, al abandonar nuestros "pajarillos" el hogar paterno para formar un nuevo nido. Nos sentimos tristes, pero no abandonados, como si ya nuestra vida no tuviera sentido, sin pararnos a pensar que las personas felices cuentan con una capacidad muy fuerte para soportar el dolor, que cuentan con un sistema inmune muy fuerte. Nuestra casa era como un hermoso jardín, donde nuestros pajaritos se sentían contentos, felices; por eso, aunque se marcharon, volvieron un día, otro y trajeron sus "crías", con lo que nos dieron nueva vida. Es cierto que nuestros cuerpos se van marchitando, poco a poco, pero nuestras almas toman nuevos bríos, al pensar que nuestros hijos se fueron, pero no para siempre, porque habían crecido en el hogar felices, lleno de amor e ilusión porque nos habíamos esforzado en que fueran profundamente felices, responsables y que aprendieran a buscar el lado bueno de la vida. Hoy nuestro hogar está de nuevo feliz, ha sido bendecido por la presencia de tres hermosos retoños, que alegran día a día nuestra casa, con su cariño y sus trinos, lo cual hace que nuestras vidas tengan más sentido, seamos más felices, que nos esforcemos en buscar el lado bueno de la vida, que tenga un perfume nuevo y, dado que, la felicidad se contagia, tanto los familiares como los amigos, se sentirán más felices en esta vieja familia, "Rosa" que conservará ,el tiempo que Dios quiera, su perfume para poderlo expandir a su alrededor.

ISABEL DOMÍNGUEZ Y EMILIO GONZÁLEZ-CORIA.

Durante la crianza y cuidado de los hijos/as, tanto padres como madres se olvidan de otros aspectos esenciales para el bienestar social y familiar, como puede ser el tiempo en pareja y el tiempo dedicado a uno mismo.

Esto está claramente asociado al sexo femenino, a las mamás. Cuando ven que tus hijos se van de la unidad familiar y hacen su vida, lo primero que notan es que les sobran muchas horas al día, intentando entre esas horas canalizar las ansias de ponerse en contacto con sus hijos.

Esto se denomina el síndrome del nido vacío y aparece con una afluencia más en la generación de familias tradicionales donde la figura de la madre ha desempeñado esa labor íntegramente, encargándose del cuidado de los pequeños, renunciando a una vida laboral o simplemente e igual de respetuoso y loable, queriendo dedicar sus esfuerzos y trabajo a la crianza de los hijos.

Se trata de una etapa de transición, la cual hay que mirar de forma positiva, sabiendo disfrutar del trabajo bien hecho e intentando recuperar todas esas aptitudes y actitudes que por falta de tiempo y de conciencia hemos descuidado, como puede ser volver a disfrutar en pareja, sin estar continuamente pendiente de un menor, realizar actividades de ocio que nos hagan sentir confortables y empoderarse. Si, empoderarse con el tipo de familia del que ahora disfrutas y con la persona que eres.

Esta transición debe de ser cuidada y analizada, trabajando el empoderamiento y las emociones, desarrollando figuras afines para que no haya un exagerado sentimiento de soledad. No habéis cumplido con vuestra labor como padres, ya que es un contrato de por vida, pero si habéis construido una vida y con ella una persona, ahora debe de ser ella quien construya su personalidad, siempre con vuestro apoyo, respaldo y sabiduría.

Por eso sois padres, porque sin que nadie os enseñara supisteis hacerlo, y supisteis pedir ayuda o apoyos cuando la situación lo requería, ahora es el momento de seguir creciendo con la satisfacción de tener una gran parte del trabajo hecho.

MARÍA TAMAME MONTERO

TRABAJADORA SOCIAL. DIRECTORA DE EDUKAS CENTRO
PSICOSOCIAL

¿Por qué decidí emanciparme? Fácil, para trabajar. Terminaba mis estudios de formación profesional y se me presenta la oportunidad de un buen trabajo para empezar en una empresa en Madrid. Tenía ganas de cambiar de aires y, ¿por qué no hacerlo? Siempre he pensado que es mejor lanzarte que arrepentirte toda la vida. Todavía recuerdo ese 1 julio del 2007 como si fuera ayer, yo solo, incluso con miedo, con lo grande que soy, en un apartamento (un garaje hecho apartamento sin apenas luz, pero muy coqueto), sin saber qué hacer. Se te hace duro el primer día y el cambio es muy brusco, cambio de vida, de hábitos y hasta de ciudad. Ese cambio te ofrece mucha mayor independencia, libertad etc., pero como la vida no es un camino de rosas también te ofrece más responsabilidad y trabajo, pasas de ordenar una habitación a una casa, de llegar con la comida hecha a tener que hacerla, aunque siempre son socorridos esos ¡tuppers! que con tanto mimo nos prepara nuestra madre; que, aunque ahora estés emancipado, sentirás que nunca te has ido y es que siempre tienes ahí tu familia y como no, tu casa.

ANTONIO CABEZAS CABALLERO

No fue fácil ser una adolescente y menos en la década de los 80.

La rebeldía y ese instinto de saber más que nadie te hacía no confiar en las personas.

De repente aparece alguien que tú sin darte cuenta, te va enseñando como es la vida.

Pasan los años y ahora estas del otro lado, eres madre, todo es más difícil y vuelves a descubrir a esa persona, con la que ahora aprendes en "una escuela para padres" lecciones diarias, desde que tus hijos son pequeños hasta que llegan a ser esos adolescentes que un día dejaran "El nido vacío".

¡Nati, gracias! Por todas esas etapas que hemos pasado juntas. Ahora yo cuidando mi nido que algún día también estará vacío.

CAROLINA HERNÁNDEZ.

Uno siente que el momento en que nuestros hijos serán independientes está muy lejos pero sin darnos cuenta llega y la sensación y emoción de ese instante no se puede contar, hay que vivirla.

Puede ser un momento difícil para el que deja la seguridad del "nido familiar" y para la familia que siente un vacío con su ausencia. Pero esto no siempre es así, ese momento se puede convertir en el orgullo de todos y en la satisfacción de saber que se ha alcanzado la cima tras un largo camino en su ascenso.

Tal vez treinta y tres años de maestra y cinco de directora de un colegio me han enseñado en el día a día que para alcanzar la cima de una montaña hay que comenzar despacio desde el principio. Acompañando, ayudando a nuestros hijos pero dejando que se caigan, aunque tengamos que curarles las heridas; dejando que lloren tras una frustración, desengaño o error, aunque tengamos que consolarles; permitiendo que además de su vida en familia vayan formando la suya propia, aunque les echemos de menos para que así vayan subiendo peldaño a peldaño por el camino de la independencia y de su propia autoestima.

No se puede soltar de la mano de repente a alguien que tiene miedo a tomar decisiones, al fracaso o a lo desconocido.

En cambio, alguien que desde pequeño se ha enfrentado a situaciones diversas y ha aprendido a valorar el esfuerzo, el coraje de levantarse tras caer y la ilusión por conseguir sus sueños no necesitará soltarse de la mano familiar, simplemente sabrá que esas manos están cuando se necesitan y que la independencia no es la distancia sino el orgullo de ser un adulto más en la familia.

No eduquemos a niños super-protegidos, sino personas que al llegar a adultos tengan la ilusión de alcanzar nuevos retos, fortaleza en la superación de los malos momentos, generosidad para ayudar, humildad para pedir ayuda y la convicción de que andar solos no es andar en soledad sino acompañados de quién queremos para disfrutar día a día de lo que la vida nos ofrece.

NIEVES LIZALDE SOBA

EDUCAR NO ES FÁCIL

Educar no es fácil, eso lo sabemos todos los que trabajamos con niños en general y en particular nuestros queridos docentes.

Cada día es más palpable lo difícil que es educar a los niños, educarlos en el sentido de saber ser agradecidos, de saludar y despedirse, de no coger lo que es de otros sin pedir permiso...

La educación empieza desde el período de bebés, desde el momento en que hay que enseñar al niño a comer, desde el momento en que tiene que pasar de los purés ¡con lo cómodos que son! a esa etapa en la que comen trocitos con las manos dejando perdida la habitación en la que se encuentren. Educar implica enseñarles a dormir, implica saber decir que no. Decir "NO" firmemente, sin gritos ni aspavientos. ¿O usted le dejaría cruzar en una autopista en la que los coches van a 120 km/h? Hay que poner unos límites sencillos y claros, desde el principio para que nuestros niños sepan a qué atenerse en cada momento.

En educación, y también en sanidad, quizá una de las causas de estos males sea la vida tan trepidante que llevamos. Tan rápida que no nos deja disfrutar de las cosas más sencillas. Tan rápida que no nos permite pasar tiempo con nuestros hijos. Tan rápida que se nos escapa y años después nos damos cuenta que los pájaros han volado del nido y no volverán a ser los polluelos que en su día tuvimos que educar.

Como pediatra y, sobre todo, como madre quiero agradecer a los profesionales de la educación la gran labor que están haciendo, especialmente ahora que los niños ya no llegan educados desde casa y que tienen que ser educados en el colegio, además de aprender otras habilidades. Gracias a todos estos profesionales, porque educar no es fácil y cada día menos.

LA MATERNIDAD

Desde pequeña, recuerdo las miradas tiernas de las madres hacia sus hijos, especialmente las de mi madre. Ahora, tras haber tenido tres niños soy la que lanza esas miradas.

Parece que fue ayer cuando mi primer hijo nació, antes de tiempo por no querer dejar de atender a otros niños, por correr para salvar la vida de un paciente.... Al principio fue difícil, nos costó que creciera...Dos años después, tras un largo y accidentado embarazo llegó mi segundo hijo, con tanta prisa que su propio padre tuvo que asistir el parto en la cama del hospital. Cuántas veces habremos recordado los nervios de la matrona que no atinaba a ponerse los guantes. Como no quiere la cosa, entre guardias y estudios llegó el tercero de mis retoños, con más tiempo de gestación que sus hermanos pero con las mismas prisas por conocer el mundo después de que hiciera junto a su madre un examen de oposición.

Hasta ahora hemos pasado algunas noches en vela, preocupados por unos vómitos impredecibles o pendientes de una respiración agitada, pero puedo asegurar que amo a estos tres soletes. Con esfuerzo y dedicación, pero con mucho amor, pasando mucho tiempo a su lado, estamos labrando unos niños con carácter, que saben lo que quieren, que no se dejan amilanar pero que a la vez son respetuosos y muestran un gran interés por ampliar sus conocimientos.

"A quién quieres más" Me preguntan a veces. Puedo asegurar que a los tres igual y diferente. Igual por ser mis hijos, diferente al tener distinto carácter y vivir circunstancias

distintas. No puedo olvidar que, aunque quiera tratarlos igual eso es imposible, basta con ser equitativa, darle a cada uno según su necesidad.

La maternidad es muy bonita, pero muy dura. Los hijos no son proyecciones nuestras, son seres independientes a los que tenemos que formar para que sepan defenderse y eso es muy trabajoso, pero ¿quién lo va a hacer mejor que los propios padres?

Mª ELENA CABEZAS TAPIA.

Conocemos lo desvalida que es la cría de la especie humana, un niño cuando nace, depende de sus progenitores para recibir alimentación, cuidado y el cariño que necesita para su formación, tanto física como afectiva.

Los padres tenemos que ir adaptando nos constantemente a la evolución de nuestros hijos, a veces con muchas dificultades. En mi caso, muy pronto pasamos a ser una familia mono parental, con las consecuencias que eso conlleva, el círculo se reduce y la dependencia es muy fuerte.

El tiempo pasa inexorablemente, mi hija está en último año de carrera y nos encontramos haciendo las maletas, se va a una universidad inglesa dentro del programa ERASMUS, yo te acompaño, le digo, quiero conocer dónde vas a vivir (hasta ese momento habíamos viajado juntas, felices viajes, no sólo por los países que habíamos conocido sino por lo que suponía de aprendizaje y vivencias tan enriquecedoras) lo difícil fue la despedida en el aeropuerto no pude controlar el llanto. El curso, matizado por las visitas en vacaciones fue llevadero, sentía que la célula familiar permanecía. Otra cosa es cuando se plantea su incorporación al mundo laboral, será en Madrid y ahí sí, mi instinto de madre me decía que el pájaro volaba definitivamente, su habitación ordenada y en silencio me producía tanta emoción que me llevaba a cerrar la puerta.

Pero, la vida da muchas vueltas y hete aquí que siete años más tarde, regresa a Salamanca, tengo tres nietos y todo vuelve a empezar, la vida es apasionante.

ORFELINA PÉREZ HERNÁNDEZ

UNA MAMÁ FELIZ

Cuando supe que iba ser mamá, empecé a leer libros y artículos relacionados con la maternidad. Hoy mi hija tiene 3 años y sigo haciéndolo porque he aprendido que cuando lees con una actitud positiva y constructiva a personas que ya han pasado por una situación que te atormenta, y empatizas con ellas, te sirve de ayuda, te tranquiliza y te aporta seguridad.

Está claro que para ser madre no hay un libro de instrucciones y que todos los padres cometemos errores. Yo que siempre fui una niña y adolescente feliz copio mucho el modelo educativo que mis padres siguieron con mi hermano y conmigo. Un modelo basado en el amor, en el respeto y en el esfuerzo. Recuerdo perfectamente haber compartido mucho tiempo con mis padres y hermano, también con tíos, primos y abuelos, en definitiva, haber vivido en familia.

Y eso es lo que quiero para mi hija, ser capaz de aportarle valores y que crezca feliz en su entorno, que es privilegiado en comparación con el de otros niños, que el día de mañana tenga unos recuerdos tan bonitos como los que tengo yo de mi infancia y pueda estar tan orgullosa de sus padres como lo estoy yo de los míos.

¡Gracias Nati por invitarme a colaborar en tu libro y por ayudar a tantos padres inexpertos y en apuros… y gracias a Dios por permitirme vivir la mayor y mejor experiencia, la de ser madre!

MARÍA GARCÍA CABEZAS

El síndrome del Nido vacío es una etapa en la que los padres o tutores experimentan sentimientos de abandono, soledad y tristeza cuando sus hijos deciden irse de casa. Sin embargo, los sentimientos que experimentamos nosotros como hijos dan mucho más miedo. Las ganas de volar en ocasiones se hacen insoportables, la necesidad de crecer, de ser independientes y de vivir nuestra propia vida, pero sobretodo el deseo de saber si podremos soltarnos y si sabremos ser capaces de coger las riendas.

Desde una óptica personal debo decir que sí que tengo ganas de irme de casa y ser independiente, pero hay ciertas cosas que no voy a dejar atrás y que me llevaría conmigo sin dudarlo, una de ellas es mi perro, Winter, que lejos de ser una responsabilidad, es una de las mayores alegrías que tengo en mi vida.

Irse de casa supone un aumento de las obligaciones: cocinar, limpiar, hacer frente a unos gastos (alquiler, agua, luz, teléfono...) pero sin duda merecen la pena por el simple hecho de la independencia. Irse de casa implica una organización personal y un no tener que dar explicaciones, cosa que no se dispone en la casa paterna: "mientras sigas viviendo bajo este techo cumplirás las órdenes". No quiero que se me mali interprete, tengo muy buena relación con mis padres, pero llega un momento en el que todos tenemos que volar, salir de la zona de confort y empezar una nueva etapa que sin duda no me dejará indiferente.

MIRIAM MARTÍNEZ- OSTENDIZ SÁNCHEZ

LA PRIMERA NOCHE DEL RESTO DE TU VIDA

No es ninguna sorpresa. Quien finalmente elige dejar su hogar, su familia, sus amigos... su vida, en definitiva, para comenzar desde cero un nuevo capítulo, lo sabe desde mucho antes de tomar la decisión.

Presiente que el entorno protegido de su adolescencia es tan solo un oasis previo a ese salto que no tardará en dar. Sabe que la responsabilidad, la disciplina, la madurez que se ha auto exigido desde siempre son un entrenamiento para los retos que no tardará en depararle la vida. Aunque tiene la certeza de que el calor de la familia siempre estará ahí, inquebrantable, como un refugio donde podrá guarecerse de las tormentas más terribles. Pero sabe que pronto se irá tras un sueño. Yo lo hice.

Han pasado muchos años. Echando la vista atrás brotan de los recuerdos muchas sensaciones que se entremezclan y se desdibujan. Pero hay algo que no pierde la nitidez ni la fuerza a pesar del tiempo: el recuerdo de la primera noche de esa nueva vida, en una ciudad diferente, en un hogar diferente, con un futuro que empieza a tomar forma. Mezcla de miedo, expectación, tristeza y libertad. Y es el momento en que intuyes que para bien o para mal, ahora eres dueño de tu propio destino. El instante en que comprendes que tu vida ya no volverá a ser la misma, porque así lo has elegido. Y que, aunque pasen los años, jamás olvidarás esa primera noche del resto de tu vida.

ANA SUÁREZ

EL NIDO *VACÍO*

La mayor satisfacción como mujer es haber sido madre con lactancia y haber tenido el nido lleno unos años. Es una cosa maravillosa que hay veces que no se puede explicar, aunque ha habido ratos muy malos, pues he tenido familia numerosa, trabajando dentro y fuera de casa y casi siempre he estado sola con ellos hasta que por la noche llegaba su padre. Cuando eran pequeños íbamos juntos a todas partes, uno sentado en la silla y los otros dos uno a cada lado, pero feliz.

Después viene la pena, cuando llega la adolescencia y empiezan a salir del nido porque quieren ir a estudiar fuera; también empiezan más preocupaciones, pero con cariño y paciencia se supera; aunque yo creo que he sido un poco estricta con ellos, sobre todo en los estudios, pero pienso que si no hubiera sido así, hoy no serían lo que son.

He tratado de inculcarles unos valores morales y sociales que creo me han dado resultado. Después de ir a estudiar fuera, llegó la hora de comenzar a trabajar y también tuvieron que volar del nido asi que se quedó más vacío. Lo he pasado muy mal porque soy muy sentimental, pero me queda la satisfacción de que el nido siempre tiene la puerta abierta y ellos saben que aunque estén a miles de kilómetros, mamá siempre está ahí para recibirles y de hecho así es.

MARIA JESÚS CABEZAS GARCÍA

172

EXPERIENCIA SALIENDO DEL NIDO

Una vez que terminas los estudios y que te planteas trabajar, unos ni se imaginan verse muy lejos de su familia y otros muchos arriesgamos el confort de estar en el nido para echar a volar lejos, con tal de trabajar de lo que has estudiado y de conocer como es la vida sin que tus padres te digan lo que tienes que hacer y que te pauten las directrices para que tu tiempo y tus decisiones sean acertadas.

Mi decisión de irme lejos muy lejos, fue las ganas de ser autosuficiente y no tener que depender de mi familia. Siempre se han ocupado de que no me faltara de nada, cosa que agradezco mucho, pero creí en la necesidad de vivir mi experiencia personal aprendiendo a tomar mis propias decisiones y sobre todo a equivocarme y aprender de ello.

Todavía me acuerdo del primer día cuando mis padres me acompañaron en ese proceso, viendo la casa donde iba a vivir, conociendo a mis compañeras de piso y de la sensación de vacío cuando se marcharon, dándome cuenta de que comenzaba mi etapa sola, en un trabajo que me ha dado muchas oportunidades.

Hoy por hoy puedo decir que a niveles generales la experiencia ha sido muy enriquecedora ya que me he conocido a mí misma, dándome cuenta de las posibilidades que tengo sintiéndome orgullosa de donde he llegado y alegre por la gente que he conocido gracias a este viaje a la independencia.

MARTA GONZÁLEZ CABEZAS

Después de 25 años gozando de la estabilidad y seguridad que supone saber dónde está tu hogar, quién lo compone, cuál es tu rutina -que lo lleva siendo todos esos años-; cuando la responsabilidad se simplificaba en asistir a tus clases, realizar tus tareas y enrolarte en una variedad de actividades que completaban tu día a día, todas ellas, en su mayoría cubiertas por la protección económica de unos padres devotos que se erigían como garantes de una formación y bienestar, que sirvieran como germen de las aptitudes necesarias para volar en solitario; llegó ese momento, el de continuar solo.

No había pasado una semana desde que entregué mi Proyecto Final del Grado en Ingeniería Geológica, cuando se me presentó la oportunidad de dar comienzo a mi carrera profesional. De repente se cumplía ese plan establecido en la vida de casi cualquier mortal, el de estudiar para después, trabajar -. Y sí, es una suerte en nuestros días, ya que estudiar, hoy, no es garantía de nada. A mí me ofrecieron un puesto muy lejos de esa protección de la que hablaba. Omán fue mi destino.

Era un cambio radical que me inspiraba una sensación de vértigo, pero también la ilusión de la realización personal, de aprender un oficio, conocer otras culturas, viajar y vivir aventuras. Se acabaron las contemplaciones —una frase de madre que se hacía realidad-.

Al aterrizar en Doha —mi primera escala-, sentí esa sensación de no encajar. En la puerta de embarque, destino Mascate, capital omaní, se evidenciaba lo esperado. No había apenas rastro de presencia occidental, y allí estaba yo, solo, echando ya de menos la seguridad que da el hogar. Pero

174

consciente de que se trataba de un trámite, me convencí de disfrutar hasta del miedo. De Mascate fui por tierra hasta Sur, mi destino final, una pequeña ciudad al sur-oeste del país.

Sin mucho tiempo para hacerse a la idea, comencé a trabajar. Tratando de hacerme con una rutina muy alejada de la que estaba acostumbrado. Conocí a compañeros de trabajo, de piso, aprendí el modo de vida y descubrí en qué se empleaba el tiempo libre en un país localizado en las antípodas culturales de nuestra querida España. En cualquier caso, soy una persona bastante resuelta y fácilmente adaptable, no simpatizo con las amarguras, así que, tal y como me prometí, comencé a vivir un día a día que rápidamente naturalicé.

En cualquier caso, tampoco soy un valiente espartano, hecho de hielo —y aunque lo fuera, con las temperaturas de aquí, no tardaría en derretirme-. No sólo dejé una rutina, una vida de estudiante, la falta de obligaciones propias de una madurez asentada. Dejé personas, y si algo da vértigo, no son los aviones, el contraste de culturas o un empleo muy técnico; sino la sensación de orfandad que produce no poder si quiera charlar, con naturalidad, con un padre o una madre, o no poder abrazar a tu pareja, a tus amigos. De pronto, todo se esfuma, y los sólidos pilares de tu zona de confort, pasan a ser digitales.

Pero sin ser dramático, quien te acompaña lo hace pese a la distancia y, en mi caso, gozo de esa suerte. Y pese a la dureza de encontrarme a miles de kilómetros de mis raíces, esta es mi apuesta de futuro y por eso me considero afortunado y orgulloso. CÉSAR HERNÁNDEZ GÓMEZ

VIAJE DE IDA Y VUELTA

Cierto día salí de mi casa, camino de Madrid, la gran ciudad, para trabajar en lo que he estudiado, con toda mi ilusión hice las maletas y comencé mi nueva vida dejando en mi tierra a mi familia y amigos. Nunca perdí el contacto, pero pronto hice nuevos amigos que se convirtieron en mi familia madrileña.

Casi 6 años estuve en la gran ciudad viviendo nuevas experiencias y nuevos amores.

Cuando el amor terminó decidí volver a mi tierra, puesto que en esos momentos nada ni nadie me retenía allí salvo el trabajo, pero no era suficiente, había dolor y el cariño lo tenía en Salamanca; siempre esperándome los que dejé hacía casi 6 años, como si no hubiera pasado el tiempo por nosotros comencé mi nueva vida, llena de cariño y felicidad, un nuevo trabajo en el que me siento querida y valorada.

MARÍA EUGENIA CABEZAS

Hoy soy rosa de otoño
y no de primavera.
Aunque ha perdido su frescor,
sigue siendo igual de bella.

Hoy soy hoguera apacible
donde se queman
las experiencias , los recuerdos,
unos malos y otros buenos.

Hoy soy playa tranquila
bañada por un mar en calma,
que acaricia suavemente la arena
y las manos no pueden retenerla.

A lo lejos está el acantilado
azotado por un temporal embravecido
como juventud fuerte y vigorosa,
que con el paso del tiempo
ha perdido la lucha y la fuerza.

DORI CABEZAS GARCÍA.

Printed in Great Britain
by Amazon